Autor und Buch

Der Frohpoet, der ist geborn
Im Sachsen-Anhaltiner Land.
Sein Laufgitter und Kinderbett
Sich einst in Magdeburg befand.

Dort gleichsam er zur Schule ging
Und auch auf das Gymnasium,
Dort tat er den Zivildienst und
Sein Übersetzerstudium.

In über dreißig Jahren hat
Das Leben gütig ihn gelehrt,
Dass, wer nur mit dem Kopfe denkt,
Sich seinen Lebenssinn verwehrt.

Am Anfang scheint es, dass das Umfeld
Die Menschen grob umher will schubsen,
Doch will das Leben voller Güte
Uns durch Lektionen vorwärts stupsen.

Charles Haanels Masterkey System,
Das Wissen russischer Schamanen,
Das Fördern der Charakterstärken
Verhelfen auf gesunde Bahnen.

"Wer mutig seinem Herzen lauscht,"
So spricht und reimt der Frohpoet,
"Kann Krisen überwinden und
Am Ende deren Sinn versteht."

Matthias der Frohpoet

Als Mensch bin selbst ich Schöpfer

Poesie aus Natur, Alltag und Spiritualität

Copyright © 2016 Matthias der Frohpoet

Umschlagsgemälde: © Samira Lessoued
Gemäldename: Gedanken werden Realität

Verlag: tredition GmbH, Hamburg

ISBN
Paperback: 978-3-7345-5816-0
Hardcover: 978-3-7345-5817-7

Printed in Germany

Alle Rechte vorbehalten.

"Wenn wir unser Denken radikal verändern, werden wir erstaunt feststellen, wie schnell sich dies auf die materiellen Umstände unseres Lebens auswirkt."

James Allen (1864 – 1912), Zitat aus *Heile deine Gedanken. Werde Meister deines Schicksals (As a Man Thinketh)*

"Akzeptiert nur das, was in eurem Herzen Glückseligkeit erschafft. Glückseligkeit ist der Leitstrahl, der euch in eure göttliche Heimat trägt!"

Dr. Ilse-Maria & Jürgen Fahrnow, Zitat aus *Gespräche mit Sirius. Teil II: Die neue Energie der Liebe*

Einleitung

Herzlich ich willkommen heiße
Alle, die dies Büchlein lesen.
Sein Konzept ist, dass im Denken
Liegt der Schlüssel zum Genesen.

Dass wir Menschen Schöpfer sind
Und keine Opfer existieren.
Dass ein frohes innres Stimmchen
Will uns Inkarnierte führen.

Dass wir Menschen dieser Erde
Neben dem Verstandesdenken
Den Signalen unsrer Herzen
Dürfen Aufmerksamkeit schenken.

Dass der Schlüssel liegt im Innen,
Welches schöpferisch kann wandeln
Jeder durch bewusstes Tun
In Denken, Fühlen, Sprechen, Handeln.

Dass ich selbst den Weg gegangen,
Dass ich selbst das Weglein geh,
Dass mein eignes Unbewusstes
Ich mit neuer Form verseh.

Matthias der Frohpoet
September 2016

Dankesworte

Allen Wesen will ich danken,
Die zum Dichten inspirieret,
Mich und meine geistge Feder
Voller Liebe mitgeführet.

Dank sei meinen Erdeneltern
Für Geduld und für Euronen,
Für den stetig vollen Kühlschrank
Und so manche Lernlektionen.

Dem Papa und der Mama,
Die achtundsiebzig mich entband,
Dass 'Matthias Köhler' auf dem
Lebensdokumente stand.

Allen Lehrmeistern des Lebens,
Die in allen Wesen sind:
Allen Großen, allen Kleinen
Schreib ich diesen Vers geschwind.

Dank dem Freund, dem Torstenmanne,
Seines Herzens, seiner Hand
Eine manche Freundesgabe
Froh ihr Weglein zu mir fand.

Dank gebührt Samira Lessoued,
Die das Umschlagsbild gestaltet,
Als bedachten Pinselschwunges
Auf der Leinwand sie gewaltet.

Auch den Dichtern und den Denkern,
Buchautoren, Schreiberlingen,
Allen Boten und Kanälen
Will ich Dankesworte bringen:

Allen, Haanel, Fahrnow / Fahrnow,
Hesse, Trebuch / Teroerde,
Häusermann Potschtar & Becker
Froher Dank gewidmet werde.

Kübler-Ross und Marta Williams,
Steingaszner & Müller-Kainz,
Walker Atkinson und Barrios
Je der Dankesworte eins.

Hay, Erk, Oetinger und Lipton,
JOH und seinem Sohnemann,
Broers, Betz, Bruno Würtenberger,
Tolle und dem Thich Nhat Hanh.

Frau Pratnicka und Herr Steiner,
Werner, Jasmuheen, Tianying,
Andrews, Murphy, Mannschatz, Hamer
Mit im Dankeszug erkling.

Sheldon Nidle, Hand Clow, Spalding,
Walsch, Dong / Raffill und Essene,
Ralph Smart von Infinite Waters
Mit den Adressaten ziehn.

Allen, sei's im Pro, im Contra,
Still Erwähnten und Genannten,
Die die Erde mitbemannen
Oder früher mitbemannten.

Dank dem Geist, dem Großen Einen,
Dem Unpersönlichen Leben,
Welches auch dem kleinsten Quante
Seine Göttlichkeit gegeben.

Und wer noch mehr Dankesworte
Lesen will und möchte sehen,
Geh zum Werk 'Ein und derselbe',
Da dort ihrer weitre stehen.

Glück

Glück wird geboren im Geist.
Der Gedanke reist.
Drum bei Erhebendem weile.

Mit Freude sich speist,
Wer Erhebendes denkt.

Das Glück beschenkt,
Zu Freudvollem lenkt
Und wenig kränkt
Der Erhebendes Denkende,
Erwartungsvoll Lenkende,
Freudvoll Schenkende.

Was ist Glück ?

Was ist Glück ? So frage ich
Zu Beginn der Zeilen dich.
Wird die Menschheit einst auf Erden
Selig sein und friedvoll werden ?

Wird's genug für alle geben,
Dass sich jeder freut am Leben ?
Oder ist genug längst da
Und das Glück liegt greifbar nah ?

Warum mancher Leute Villen
Und Bankkonten überquillen,
Aber dennoch suchen sie
Stetig mehr und finden's nie ?

Steter Wachstum scheint mir wichtig
Und Weiterentwicklung richtig,
Doch ich denk, nicht Pool noch Haus
Lösen Glücksgefühle aus.

Was ist mit dem Sonnenschein,
Den der Morgen bringt herein ?
Wenn die hellen, goldnen Strahlen
Neu die Welt mit Glanz bemalen ?

Was ist mit der Atemluft,
Mit der Erde sanftem Duft ?
Mit den Käfern auf den Wiesen
Und den Blumen, die dort sprießen ?

Mit den Raupen, die bald rege
Krabbeln über Gras und Wege ?
Wenn den Mitmenschen zum Gruß
Spielt im Park ein Musikus ?

Alles dieses liegt im Außen,
Nicht im Innen, sondern draußen.
Doch was hilft der Sonnenschein,
Wenn ich nicht kann glücklich sein ?

Ist nicht das, was wirklich zählt
Frieden in der Innenwelt ?
Wenn das Wesen Frohes glaubt,
Es das Glück sich erst erlaubt ?

Wenn es friedvoll akzeptiert
Das, was äußerlich passiert ?
Kommt nicht erst die gute Wende,
Wenn das Hadern hat ein Ende ?

Wenn das Wesen denkt und liebt,
Was die Außenwelt ihm gibt ?
Wenn es nicht mehr will verwandeln
Andrer Menschen Denken, Handeln ?

Wenn es weiß, in allem drin
Steckt ein tiefer, weiser Sinn ?
Stets das Lichte sucht und sieht,
Völlig gleich, was ihm geschieht ?

Kann nicht dann erst Friede sein,
Wenn ich aufhöre zu schrein
Und begreif, wie wunderbar,
Von Beginn an alles war?

Vieles oft ist unbequem,
Schmerzlich und nicht angenehm,
Aber schließlich jede Pein
Hilft der Seele, wäscht sie rein.

Ist ein Wesen reingewaschen,
Kann kein Leid es überraschen,
Denn es weiß, dass alles gut
Und es friedvoll in sich ruht.

Ist nun jenem Glück beschieden,
Welcher fand den Innren Frieden?
Dem, der dankbar jeden Tag
Sich an allem freuen mag?

Zieht das Glück im Außen an,
Wer erst innen froh sein kann?
Der, dem gleich, ob Sonne, Regen
Oder Wolken sich bewegen?

Kommt ein solcher ohne Haus,
Ohne Pool und Garten aus?
Kann nicht dieser erst genießen,
Wenn im Gras die Blumen sprießen?

Zieht ein solcher nicht erst dann
Andre frohe Menschen an ?
Ist nicht jeder reich beschenkt,
Gleich, wie er darüber denkt ?

Wir als Abbilder der Quelle
Sind wie Sonnen, leuchten helle
Und die Suche nach dem Glück
Trägt uns heim zu Ihr zurück.

Der Dichter

Der Dichter sitzt im Freien
Unterm Olivenbaum.
Die Vöglein piepsen, singen,
Das Wetter ist ein Traum.

Ringsum ergrünt und blüht es,
Insekten schwirren munter.
Auf diese Ruhoase
Die Sonne lacht herunter.

Das Herz mir leise singet,
Hüpft froh in der Natur.
Des Liedleins Klang erklinget
Oft in der Stille nur.

Was bist du schön

Was bist du schön, oh roter Mohn.
Ich seh dich stehn von Weitem schon.
Du säumst den bunten Wegeslauf,
Sanft gehst du mit dem Winde.

Derweil das blaue Gurkenkraut
Vom Mauerstein herunter schaut
Und spricht zu dir, was auf
Der andren Seite sich befinde.

Oh herrlich blühst du, Sonnengold,
In Vielfalt und in Pracht.
Des Tages schenkst den Blütenstaub
Und schließest dich zur Nacht.

Oh Aloe

Oh Aloe, so dornig grün
Stehst du am Rebenacker,
Reckst selbstbewusst dich in die Höh,
Zeugst viele Senker wacker.

Prächtig steht dein großer Clan,
Weitre Clane in der Ferne.
Ein Gewächs am andern dran
Grüßt den frohen Wandrer gerne.

Deine Senker sprießen munter,
Bis auch sie in voller Größe
Neues Leben werden geben
Dort am Acker bei den Reben.

Das Tor nach drinnen

Blühender Rosmarin duftet
In hügliger, wilder Natur.
Umgeben von Weite und Stille
Atme ich Reinheit nur.

Lausche dem Zwitschern der Vögel,
Fühle das Wehen vom Wind.
In solcher herzhaften Ruhe
Das Tor nach drinnen ich find.

Samenkörner

Im Herzen froh ich werde,
Im Herzen froh ich bin,
Ein Korn leg in die Erde,
Aufgehn es wird darin.

Seh leis das Weglein schimmern,
Versuche still zu sein,
Wend ab den Blick vom Flimmern
Und kehre ich mich ein.

Wo kein Verlangen waltet
Und wo kein Eigenwille,
Das Wollen abgeschaltet,
Dort, wo das Sehnen stille.

Wo schweigen das Begehren,
Das Trägsein und die Hast,
Wo Ruh und Friede währen,
Wo Gehen und auch Rast,

Wo Schenken dient dem Schenken,
Dich seh in neuem Lichte,
Erspüre leises Denken,
Den Sinn von der Geschichte.

An die Ameisen

Ameisenvolk, was bist du groß !
Wie viele mögt ihr sein,
Die krabbeln aus der Erde raus
Und in die Erde rein ?

Ihr filigranen Läufer
Auf hellem Kalkgestein
Mit bester Orientierung
In stetem Rührigsein,

Was ist's mir eine Freude,
Euch Starken zuzusehn,
Oft staunend euch betrachte,
Mit euch könnt Filme drehn.

Beim Wandern

Beim Wandern durch das Grüne
Die Sonne lacht mir froh.
Unter der Wolkendecke
Zwei Pferde grasen Stroh.

Drei weitere auf der Koppel,
Lebhaftes Schnauben, Traben
Und an der Ruh am Strohdepot
Sich auch zwei Vögel laben.

An dem Wegesrande

Unter dem Wolkenschauspiel
Sind Sonnenschein und Wind,
Wo an dem Wegesrande
Ins Traumreich ich entschwind.

Hier sind Gebäum und Steine
Und Ameisengetier.
In Büscheln wachsen Gräser
Und bald sag ich zu mir:

So schön ist's, hier zu ruhen,
Dass nochmals ich entschwind.
Von oben scheint scheint die Sonne,
Durch Blätter rauscht der Wind.

Ein neues Korn

Ein neues Korn ins Erdreich
An diesem Tag ich lege,
Ihm Wasser schenk und Sonnenschein
Und bestmögliche Pflege.

Bald schaut es aus dem Erdreich,
Strebt hin zum Sonnenlicht
Voll Tatkraft und Gewissheit
Und Zweifel kennt es nicht.

Der Stengel wächst zum Stamme,
Erobert Platz und Raum,
Trägt Blüten bald und Früchte
Als schöner, großer Baum.

Stückchen Wegrand

Was ist dies Stückchen Wegrand bunt
Und stachlig anzusehn.
Das Schild am Haus warnt vor dem Hund,
Doch der ist nicht zu sehn.

Zu sehen nicht, zu hören wohl,
Denn drinnen, hinterm Zaun
Hört man das Belln vom Hundetier,
Dem seine Herrn vertraun.

Darum in aller Stille ich
Mich freu der Blütenpracht
Und als ich schließlich weitergeh
Tu's still und mit Bedacht.

Still am Himmel

Still am Himmel leuchten
Orion und Mond,
Der mit halber Sichel
Bei den Sternen wohnt.

Wolkenlose Weite,
Sternenklare Nacht
Und in naher Ferne
Hält die Bärin Wacht.

Klar und hell sie funkeln
Weitab unsrer Welt,
Die in ein paar Stunden neu
Das Sonnenlicht erhellt.

Das wattige Wandern

Das wattige Wandern
  von Wasserstrukturen,
Mehrfarbig in Schichten
  im himmlischen Blau,
Ob gelb oder beige,
  ob orangerot, ob rosa,
Ob hell oder dunkel,
  stets Schönheit dort schau.

Die riesige Leinwand,
  das himmlische Treiben,
Das hoch aus den Lüften
  schenkt Schatten der Welt,
Frei weht's durch das Blaue,
  das unten ich schaue
Und auch wenn es regnet,
  die Stimmung mir hellt.

Vielleicht eines Tages
  den Pinsel ich nehme
In geistige Hände
  bewusst mit Verstand,
Gebündelten Denkens
  ich diesen bewege
Und reih Moleküle
  in luftiges Land.

Lila Blüte

Lila stehst am Straßenrand
Du in großer Zahl
Und auf kleiner Fläche blühst
Wohl dreihundert Mal.

Dort, wo Mäusegerste
Und der Wegerich,
Wiegst du, Blütenteppich,
Froh im Winde dich.

Wie des Nachts die Sterne uns,
Leuchtest du ins Blau,
Malst den Lenz in bunter Schönheit
Jedem, der dich schau.

Naturreich

Welchen Eindruck und welch Staunen,
Welche Freude und welch Glück
Nehm ich aus der grauen Landschaft
Diesen Morgen mit zurück.

Als ich näher ihnen komme
Tun sich mir die Hügel auf.
Schemenhaft vertraute Bäume,
Auf der Welt ein Schleier drauf.

Welch ein Duft in diesem Reiche,
Duft nach frischem Thymian.
Neue Sprosse zwischen Steinen,
Kleine lila Blüten dran.

Auf dem Boden find ein Lager,
Wo ich halte Schlafesrast.
Sanft das Nebelwasser später
Wecket auf den Ruhegast.

Dort im Grase und auf Sträuchern
Ahne ich die Königinnen.
Perlenketten gleichen ihre
Traumesfänger, die sie spinnen.

Langsam hellt die neue Sonne,
Vögel singen in den Zweigen
Und je mehr ich in mir ruhe,
Sich die Lebenswunder zeigen.

Ich erahne all die Wesen,
Die für dies Naturreich sorgen,
Ob dem Menschenauge sichtbar
Oder ob sie ihm verborgen.

Großer Grillerich

Munter sprießt das wilde Grünwerk,
Prachtvoll ist es anzusehen,
Doch vom urwüchsigen Efeu
Soll ein ganzer Teil nun gehen.

Großer Fürst des Blätterreiches,
Aus dem Blattwerk kommst heraus
Mit der Frage, wer dort schneidet
An dem schönen Efeuhaus.

Majestätisch zeigst dein Antlitz
Und voll Staunen ich versteh,
Dass der Efeu dein Zuhaus ist,
An dem hier ich mich vergeh.

Wissend, dass all dies ist Leben,
Blattwerk, welches Schutz und Raum,
Ein Zuhaus den Seinen bietet,
Will ich daran rütteln kaum.

Meine Schere sorgsam waltet,
Ruhig und mit sanfter Hand.
Schnecken, Ameisen und Spinnen
Bleiben hier in trautem Land.

Als Mensch bin selbst ich Schöpfer

Als Mensch bin selbst ich Schöpfer,
Seit meinem Anbeginn
In meinem Innen leuchtet
Der Gottesfunke drin.

Dem Glauben nach gescheh mir,
Verheißt gesprochnes Wort,
Das bis in heutge Tage
Besteht geschrieben fort.

Ich denke und erschaffe
Und leis ein Verb berichtet,
Dass glaubend ich kreiere
Und Äther sich verdichtet.

Was außen ich erlebe,
Mir hält den Spiegel vor,
Den Spiegel der Gedanken,
Ob Meister ich, ob Tor.

Dem Lernen dient mein Leiden,
Zu wenden ist mein Blick,
Zu Frohem zu erheben
Das meinige Geschick.

Mein Spiegel ist voll Güte,
Wenn erst mein Denken milde.
Ich schöpferischer Denker
Schaff selbst mein Spiegelbilde.

Im Menscheninnern leuchtet
Der Gottesfunke drin.
Der Schöpfer in uns wohnet
Seit Schöpfungsanbeginn.

Schneckenkontakte

Der Gärtner steht im Garten drin,
Will schneiden mit der Schere,
Da kommt ihm und dem Rosentopf
Was Süßes in die Quere.

Ihm die Natur zwei Boten schickt,
Die Rose solle später
Ein kleines Stückchen mehr nach vorn,
So zwanzig Zentimeter.

Bald ward die Rose eingepflanzt,
Worauf die Efeuhecke
Zu schneiden mit der Scher es galt,
Wo wieder er entdecke:

Zwei Fühlertiere paaren sich,
Die Frau Natur ihm sendet.
Vor dem erneuten Heiligtum
Er froh die Schere wendet.

Wie liebevoll der Garten spricht !
Im Herz die Saiten klingen
Ganz ohne einen Blick zur Uhr
Bei solchen schönen Dingen.

Auf festen Füßen

Ein Unternehmen soll entstehn,
Das groß und kraftvoll werde.
Der Menschheit es ein Segen sei
Und gleichsam unsrer Erde.

Ich mal es mir im Geiste bunt
Und Stück für Stück ich sehe,
Was einstens auf der Erde Grund
Auf festen Füßen stehe.

Des Nachtens

Was tut es mir des Nachtens wohl
Zum Firmament zu schauen.
Die himmlische Beständigkeit
Schafft Mut mir und Vertrauen.

So tanke stets ich Zuversicht,
Wenn ferne steht der Mond.
Auch falls sein Licht verborgen scheint,
Er doch dort oben thront.

Was freut mich stets der neue Tag,
Da in des Lebens Garten
In noch so kleiner Kleinigkeit
Der Schöpfung Wunder warten.

Und wissend, dass selbst Schöpfer ich,
Tu ich im Jetzte ernten,
Was früher ich ins Erdreich bracht
In Zeiten, jetzt entfernten.

**Von Wunsch,
Erwartung und Anspruch**

Mein lieber Freund, ich lad dich ein,
Mit geistgem Pinselstrich
Auf deiner innern Leinenwand
Ganz auszudrücken dich.

Nimm dir dein schönstes Ideal,
Umreiß es zeichnerisch,
Denk es im Geiste tausend Mal,
Halt stets sein Abbild frisch.

Die Zellen deiner Denkfabrik
Bekommen jetzt Signale,
Die froh sind und voll Zuversicht.
Nun halt dein Denken stetig licht.

Dem Denken folgen Taten bald,
Bald Taten sind gewohnt,
Gewohnheit schenkt Ergebnisse,
Da jede Arbeit lohnt.

Sei freudvoller Erwartung drauf.
Den Anspruch klar erheben
Du solltest, so kommt obenauf
Dein Ideal ins Leben.

Gern schenk ich meinen Jubel dir,
Wenn ich in eigner Rast
All deines Glückes froh gedenk,
Das du erschaffen hast.

Am Feldrand

Üppig leuchtest du am Feldrand,
Lieber feuerroter Mohn.
Auch aus deiner nächsten Nähe
Grüßt der blaue Borretsch schon.

Hochwärts sich die Ähren strecken
Auf dem fröhlich grünen Land.
Hier fühl ich mich jetzt zu Haus,
Wo mich mein Kompass hingesandt.

Blütenpracht

Blütenpracht im Sonnenlichte
Um mich, wenn ich freudvoll schau,
Ist die schöne Welt voll Leben
Unter sanftem Himmelblau.

Üppig grün die Wegesränder,
Die Natur aus reicher Hand
Gibt und schenkt sich dem Betrachter
Hier im frühlingsgrünen Land.

Kühn am Wegrand steht die Distel,
Flirtet leis der Brombeer zu,
Sanft sich wiegt der Wilde Hafer,
Frohes Zwitschern in der Ruh.

Watteschäfchen ziehen Bahnen,
Wenn der Windhauch leis die Herde
Zu den Himmelswiesen führet
Über unsrer schönen Erde.

Vom bejahenden Fühlen

Welch großes Geschenk
Ist der sprudelnde Quell,
Zu dem ob der Frische
Ich gern mich gesell.

Die kühlende Nässe
Am Weg mich erquickt.
Bald Schwalben und Nester
Mein Auge erblickt.

Schon reifen die Mispeln
Orangegelb am Baum.
Der Wind wiegt Olivlaub
Und wolkigen Flaum.

Ein herrliches Zwitschern
In farbiger Welt.
All dies frohe Leben
Die Stimmung mir hellt.

Denn manchmal in mir Trauer ist,
Die wünscht, geliebt zu werden,
Bejahend und ohn Widerstand,
Wie jeder Mensch auf Erden.

Die Trauer ist nur kurz zu Gast,
Geschwind sie ist verschwunden,
Schließ ich ihr meine Pforten auf
Und ist Angst überwunden.

Dann schärft sich wieder mir der Blick
Für diesen Frühlingstag.
Ein Ameisenvolk krabbelt flink,
Wohin es gerne mag.

Ihr weiblichen Wesen

Ihr weiblichen Wesen
  vom anderen Sterne,
Die ihr, wie wir Herren,
  auf Erden zu Gast,
Ihr Töchter der Venus
  voll Anmut und Schönheit,
In mir schmilzt das Eis
  und der Widerstand blasst.

Wie schön eure
  Emanationen erstrahlen,
Wie froh widerhallt es
  und innen erklingt,
Wenn all eure Tugend
  tief aus euren Reichen
In lichtvoller Güte
  die meinen durchdringt.

Wie atme ich Freiheit
  in inneren Weiten
Ob fließender Meere
  voll Tanzen und Singen,
Wenn sanft eure Süße
  berührt meine Saiten
Und in meinen Welten
  die meinen erklingen.

An mein Unterbewusstsein

In ein kleines Paradies
Hab ich dich verwandelt.
Vorher warst du ein Verlies
Und dieser Reim erzählt,

Was ich tat, wie ich gehandelt,
Wie den Boden ich bestellt,
Dass in und aus deiner Welt
Freude quell und Glück erprieß.

Jegliches Ergebnis
Und ein jedes Ziel
Mir zunächst im Herzen
Und im Geist gefiel.

Hatt ich auch gelernet,
Gefühlskonträr zu sein,
Brach durch Herzensweisheit
Dies alte Klapphaus ein.

Hatten doch zu Not und Leid
Facettenreicher Form
Hass und Haderei geführt
Weitab des Schöpfers Norm.

Sollte erst des Lebens Ende
Öffnen mir des Glückes Pforte ?
Widersinnig klangen mir
Solch Ideengut und Worte.

So beschloss ich, aufzustehen,
Graden Rückgrats aufzusehen,
Zornesblitze zu riskieren,
Innerlich zu rebellieren.

Untreu alter Ideale,
Abtrünnig und ein Verräter,
Ketzer, Sündling, schwarzer Schafsbock
War ich dennoch selbst mir treu.

Und der Himmel blieb voll Frieden,
Sandte keine Zornesblitze.
Ein Stück Angst ward hier zerstört,
Das längst nicht mehr zu mir gehört.

In ein schönes Gartenreich
Hab ich dich liebevoll verwandelt,
Durch Ausmerzung von Angst und Schuld,
Wovon dies Lebensreimlein handelt.

Eine innre Kompassnadel
Gütig meinen Weg mir weist.
Bleibe ich auf diesem Kurs,
Sie mit Glückseligkeit mich speist.

Logik und die Kompassnadel
Und mein Überlebenswille,
Klares Denken, innres Wissen,
Und so wird das Dunkel stille.

In ein Feld aus Frühlingsblumen
Schritt für Schritt dich hab verwandelt.
Scham und Lüge sind's, die weichen,
Wovon diese Lyrik handelt.

Täglich froh dich programmiere,
Stets die nächste Prüfung finde,
Mutig visualisiere
Und Ideale konzipiere.

Fröhlich mich der Kompass führet,
Munter spann mein Segel auf,
Halt mein Schiff in ruhigen Wässern,
Folge meiner Karte Lauf.

Und der Himmel sendet Führung,
Bittend wird mir stets gegeben.
Seit dies Uhrwerk ich verstehe,
Geh ich aufrecht durch mein Leben.

Wissend um die meine Herkunft,
Die uns Menschen allen gleich,
Meinen Frieden such im Innen,
Welches mir zum Glück gereich.

Längst das Opferdenken ruhet,
Langsam auch das Ego schweiget.
Ich erahn des Schöpfers Pulsschlag
Und ein neues Licht sich zeiget.

In ein schönes Paradies
Hab ich dich liebevoll verwandelt.
Weiter geht mein Weg nach vorn,
Wovon dies Lebensliedlein handelt.

In meinem Unterbewusstsein

Was ich in dir ausgesäet,
Bring ich reimend zu Papiere.
Du erblühst, da ich mich liebe
Und ich selbst mich akzeptiere.

Weiter ich in Wohlstand lebe
Und mich ew'ger Jugend freue.
Auf dem Weg zu diesem Ziele
Stets mein Körper sich erneue.

Freu mich auf achthundert Lenze,
Gern es solln zweitausend sein.
Alle Zeit des Stillstands schwänze,
So mag dieses stelln sich ein.

Glücklich freu ich mich der Töchter
Vom Venusischen Geschlecht.
Sollt mein Herz die Eine wollen,
Käm auch damit ich zurecht.

Stärkster Manneskraft mich freue,
Wissend, ich werd sicher sein.
Stetig halt mein Denken sauber,
Dann stellt dies sich ewig ein.

Wohl ich weiß, dass dies ich schaffe.
Dies bejahend darf ich streben,
Freu mich, alle Resultate
Dieser Schöpfung zu erleben.

An uns Herren der Schöpfung

Wir vom Stamme der Marsianer,
Wir, die starken Erdenmannen,
Die in Epen wir und Sagen
Schwer an Schild und Schwertern tragen,

Mut und Stärke sind uns eigen,
Willkraft und Beharrlichkeit,
Tüfteln, Basteln und Erfindung
Teil sind unsrer Wirklichkeit.

Hell in uns der Quell erstrahlet,
Fröhlich stimmet das Erwachen,
Das Erspüren innrer Welten,
Wo die Geistgesetze gelten.

Lejía

Das Leben ist einfach,
Das Leben ist schön.
Ich wollte Bleichmittel
Kaufen gehn.

Wo bekomm ich es her und
Wo stell ich's dann hin ?
Da ist doch auch immer
So mächtig viel drin ...

Die Lösung: der Kellner
Der Bar einen Schluck
Füllt ein in die Flasche,
Damit ist's schon genug.

Das Leben ist einfach,
Das Leben ist schön.
Nun brauch ich keins
Mehr kaufen gehn.

Nach dem Regen

Jetzt ist der Himmel fast ganz blau
Und Wasser auf den Straßen.
In Pfützen baden Spatzen sich,
Schon trocken scheint der Rasen.

Lebhaftes Zwitschern dringt ins Ohr
Aus kleinen Baumeskronen
Und nah die Elster Holzwerk bringt
Fürs Nest zum schöner Wohnen.

Am Bahnsteig

Ist das schön,
Ist das schön !
Ich tu kleine
Wölkchen sehn.

Kleine Wölkchen in Ruhe,
Kleine Wölkchen im Blau.
Ich genieße die Sonne
Und den Schwalben zuschau.

In Els Monjos

Der Bauer, der fährt mit dem Traktor,
Der brummend das Erdreich wendet.
Er führt sein Vehikel in Ruhe,
Bald hat er das Pflügen beendet.

Dahinter sechs fröhliche Stare
Und einem ist's grad gelungen,
Ein Würmli zu erhaschen,
Das bringt er jetzt seinen Jungen.

Am Springbrunnen

Fröhlich sprudeln die Fontänen,
Zwanzig sind es an der Zahl.
Stehn im Kreis, bleibt zu erwähnen:
Oben sprudelt's noch einmal.

Muntres Rauschen, muntres Fließen
In dem Brunnen, wo im Kreise
Diese Zwanzig sich ergießen,
Auch von oben fließt es, leise.

Nach und nach

Gefühl, Gefühl und Emotion,
Die warten drin Jahrzehnte schon.
Ganz eng gepfercht, ganz wie Sardinen
Und hinter schweren Stahlgardinen.

Ganz zugeschneit und eingefroren,
Tief im Erdreich, Bodenfrost,
Ringsum Eisenpanzerplatten
Und ein dickes Schloss voll Rost.

Gut bewacht und in Verbannung,
In Verbannung gut bewacht,
Weggedacht und unterdrücket
Mit Gewalt und mit viel Macht.

Doch am Firmament die Sonne
Liebevoll zerschmilzt das Eis
Und vertrauensvollen Denkens
Fühl ich wieder und ich weiß,

Dass die Mauern weichen werden,
Dass die Eisenplatten gehn.
Nach und nach zerfällt die Festung,
Wenn auch nicht im Handumdrehn.

Mit Kalkül und Herz

Wie gut, wenn mit Kalkül und Herz
Durch diesen Tag ich gehe.
Den Wichtigkeiten schenk ich mich,
Verlockung übersehe.

Ganz konzentriert und selbstbestimmt
Geh vor ich und nach Plan.
Ich tue, was ich wirklich will
Und freue mich daran.

Kleiner Salamander

Im Dachgarten bring gärtnernd ich
Mein Tagwerk froh zu Ende,
Da krabbelt aus dem Kistenholz
Ein kleines Tier behende.

Es krabbelt schnell, es krabbelt flink,
Sucht Schutz unter der Tüte,
Die nah der Sukkulenten steht,
Die kürzlich gelb noch blühte.

Im Schatten von der Tüte nun
Verschnauft der kleine Gast.
Sein flacher Atem geht geschwind,
Doch kurz ist seine Rast.

Denn als ich wieder nach ihm schau,
Hat längst er sich versteckt.
Wahrscheinlich unterm Kistenholz,
Wo niemand ihn entdeckt.

Von Kühnheit und Reckenmut

Was hab ich mir da antrainiert ?
Warum aus Höflichkeit
Tu hin und wieder Dinge ich,
Obwohl es in mir schreit ?

Erfreulich ist, wie weh das tut,
Das Herz mir rebelliert
Und schnell bemerk ich den Betrug
Bei dem, was grad passiert !

Ein altes Muster ist es, das
Noch sucht, sich stark zu zeigen,
Doch Kühnheit und auch Reckenmut
Inzwischen sind mir eigen.

So brech ich schnell den dunklen Bann,
Tu kund, was mein Begehr.
Derweil die Sonne trotzdem scheint,
Sie scheint sogar noch mehr !

Durch meine Willensäußerung
Klärt auf sich mein Gemüt.
Mein Herz sich wieder weitet und
Mein Garten wieder blüht.

**Bei Hacienda,
dem spanischen Finanzamt**

In diesen hellen Hallen
Begegne ich Gefühlen,
Gedanken, Emotionen,
Die leise in mir wühlen.

Ich lasse sie passieren,
Mich öffne ganz dem Fluss,
Wohlwissend, dass auf diese Art
Ein Thema kommt zum Schluss.

Die Emotion bestehet
Parallel zum Außenleben,
Darum ich jetzt nach innen schau,
Werd neues Denken weben.

Ich weiß, dass eins ich mit dem Geist,
Der Kraft, der Macht, dem Einen,
Der selben Art, Substanz, Natur,
Streb hin zum Quell, zum Reinen.

Die Emotion allmählich weicht,
Es klärt sich auf mein Denken.
Ich wend Erhebendem mich zu,
Kann selbst mein Ruder lenken.

Betrete neuer Resonanz
Nun dieses Stück der Welt,
Das gleichsam Teil des Ganzen ist,
Ein neues Schwingungsfeld

Ich nun um mich errichtet weiß.
Es öffnet neue Türen,
Der Weg ist eben jetzt und frei
Für neues Tun und Rühren.

Danke

Dies ist ein neueres Geschenk,
Ein neuer Weg, zu heben,
Was äußerlich erlebe ich,
Was einströmt in mein Leben.

Und so erscheint mir voller Sinn,
In meiner Welt zu ruhn,
Zu warten, bis ganz ausgereift
Die Schritte, die zu tun.

Ich danke dir, oh Gegenüber,
GOTT als Schöpfungskind,
Der du und ich in der Essenz
Ein und derselbe sind.

Der Schlüssel

Ich brech ein weiteres Tabu,
Das galt in meiner Welt:
Nach einer kleinen Ewigkeit
Hab ich Kaffee bestellt.

Ich spüre dem Aroma nach
Und spür in mein Empfinden.
Der Kaffee duftet wunderbar.
Was will ich überwinden ?

Der Wohlgeschmack, der stark gesüßt,
Erinnert alter Zeiten.
Die Reise führt nach innen mich,
Ein Weglein zu beschreiten.

Der Weg ist fein und sehr subtil,
Es ist nicht der Kaffee.
Ein inneres Szenario
Es ist, in dem ich steh.

Auch wenn nicht ganz begreife ich
Verstandlich dessen Sinn,
Bewege voller Frieden mich
Auf meinem Weg ich hin.

Ich fühle, wie die Sonne scheint,
Auch dann, wenn Wolken gehen.
Im Herz erspüre Frieden ich,
Die Sonne ist zu sehen.

Und auf dem kleinen innren Weg
Hab ich den Schatz gefunden.
Der Schlüssel liegt in meiner Hand,
Die Angst ist überwunden.

Am Kindertag in Barcelona

An einer Kreuzung in der Stadt
Krächzt froh ein Papagei
Und wie ich ihn entdecket hab,
Es sind der Vögel zwei.

Motoren röhren, Hämmer klopfen
Und Verkehrsgewühl.
Der Palmenbaum der Vögel ist
Ihr eigenes Idyll.

Dann, auf der andren Straßenseite
Weitere Papageien
Schrein froh in weiterem Gebäum
Zu zweien oder dreien.

Voll Stärke schafft die Menschenhand,
Das Grüngefieder singt,
Zu Hämmern und Motorgeröhr
Des Lebens Lied erklingt.

Dann auch an andren Palmenorten
Tut Grüngefiedertes antworten.

Je mehr ich drauf mich konzentrier,
Seh ich noch mehr vom Federtier.

Es kräht und lacht und schreit und singt,
Dass es mir wahre Freude bringt.

Die Freude

Was lachest du, oh Schöpfergeist,
Aus diesen zwei Gesichtern.
Die Herzfrequenz ist eingestellt
Auf eine frohe Schwingungswelt.

Die nehm ich wahr, denn auch in mir
Das Herz auf Frohsinn steht,
Die meinige Gedankenwelt
Um Freud und Glück sich dreht.

So lachen mir Gesichter zu
Wie dies von einem Kind,
In ihren frohen Zügen ich
Die Freude wiederfind.

Mit meinem Denken

Was ist das schön, mit meinem Denken
Freude auszusenden.
Ich weiß, dass ganz bewusst ich so
Kann Leid und Not beenden.

Mir scheint, dies ist der einzge Weg,
Auf guten Kurs zu gehen.
Nach etwas Übung ist schon bald
Ein andres Bild zu sehen.

Mein Kopf ist frei für neuen Mut
Und dieses schöne Leben,
Das täglich ich in allem seh,
Mir hilft, mich zu erheben.

Tiefes Glücklichsein

Hellgolden streift der Schein der Sonne
Abends mein Gesicht.
Das warme Gold mir kost die Haut,
Der Horizont wird licht.

Sanft kehrt die Stille in mich ein,
Voll innren Friedens ruht mein Sein,
Schöpft Kraft in innren Welten.
Ich fühl tiefes Glücklichsein.

Es werde sommerlich

Seit kurzer Zeit auf der Terrasse
Grün und Blumen sprießen.
Der Gärtner und das Katertier
Die Impression genießen.

Gern koste ich vom Zwiebellauch,
Der Kater vom Getreide,
Das noch als junge Pflänzchen steht
Auf unsrer grünen Weide.

Der Kürbis blüht, die Erbse treibt,
Der Mais keimt aus der Erde.
In all den Blumentöpfen drin
Es grün und Sommer werde.

Es werde sommerlich und bunt
Und farbenfroh im Garten.
Faszination und Freude bringt
Die Aussaat und das Warten.

Zwei Sonnen

Wie genial, wie genial:
Ein Pyramidenbauer kommt des Wegs
Und lächelt mal.

Ich weiß um seine Stärke,
Erkenne seine Farben,
Weiß um seine Werke.

Meine Sonne scheint.
Mein komplizenhafter Blick
Trifft den seinen.

In meiner Welt,
Trifft sein komplizenhafter Blick
Den meinen.

Unsere Sonnen scheinen.

In meinem Universum

Ist der Himmel blau,
Ist über mir kein Grau,
Wenn ich nach oben schau.

Wenn ich nach oben schau
Und seh kein Grau,
Ist's über mir blau.

Über mir ist's blau,
Wenn ich nach oben schau
Und sehe Blau.

Und selbst bei Grau,
Ist's drüber blau,
Auch wenn ich's nicht schau.

In meinem Universum
Ist der Himmel blau.

Die Pflanze des Geldes

Ich bin die Pflanze des Geldes,
Die Pflanze von dem Gelde.
Ich bringe dir Bares,
Ich bringe dir Wahres,
Da du an mich denkest, in Bälde.

Da du an mich denkest, in Bälde
Kommt mehr zu dir von dem Gelde.

Viel von dem Gelde
Hast du,
Oft an mich denkend,
In Bälde.

Dein Unbewusstes ist mächtig.

Behandle dich gut,
Indem wohl du es nährst
Durch dein Denken.

Es überhäuft dich
Stets mit Geschenken.

Mit großer Kraft
Es stetig schafft.

Ich bin die Pflanze des Geldes.

Harmonie

Mein Denken
Ich schalte
Auf Harmonie.

Mit geschlossenen Augen
Sage ich still
Ihren Namen.

Wie ein Wunder es scheint,
Als anderes weicht.

Schließlich fühle und
Erspüre ich sie:

Harmonie.

Sie entspannt meine Züge,
Lenkt meine Sinne.

Auf das mir neuartige Blattlaub,
Auf ein Elsterpärchen.

Auf Wölkchenfäden
Im Blau des Himmels.

In einer gereiften Frau
Erkenne ich
Die Schönheit ihrer Jugend,
Ihre Errungenschaften
Und Siege.

In einem jungen Mann
Erkenne ich
Die Göttlichkeit seines Seins,
Die Göttlichkeit des Weges,
Den er geht.

Ich sehe die Harmonie.
Ich fühle die Harmonie.
Ich finde sie in allem.

Sie ist in allem.

Sie ist.

Harmonie.

Gedanken in Harmonie

Ich denke an das,
Was ich will.

Den Rest lass ich
Werden still.

Vor meinem Auge
Plötzlich sich zeiget
Eine Bank
Im abendlichen
Sonnenschein.

Und darauf,
Schöner noch,
Ein Stück Wiese,
Beschienen vom
Sonnenlicht.

Ich denke an das,
Was ich will.

Und ich finde mich wieder
Sitzend unter zwei Bäumchen.

Ein Spatz in den Zweigen,
Sonnenlicht scheint durch das Grün.

Eine Katze schleicht über die Wiese
Zu ihrer Futterstelle
Und genießt.

Mein Denken wird
Harmonisch.

Mein Denken ist
Harmonisch.

Mein Denken ist
Harmonie,
In deren Frequenz
Der Atem,
Der Pulsschlag
Meiner Zellen geht.

Fern schleicht
Die Katze.

Der Spatz
Singt wieder
Im Gezweig.

Mensch und Tier
Genießen die Ruhe
Des Abends.

Mein Denken ist
Harmonie.

Ich werde zu ihrem Magneten und
Zu einem Magneten
Der Ruhe.

Ich sende selbst
Harmonie aus
Und Ruhe.

Eine geflügelte Prinzessin
Landet auf meinem Gedichtheft.

Anmutig spaziert sie,
Erreicht das Ende der Seite
Und erhebt sich wieder
In ihre Lüfte.

Auf der Plaça

Des Morgens stehet auf dem Tisch
Vor mir heut ein Kaffee
Mit Milch drin und mit Milchschaum drauf.
Die Luft ist mild und frisch.

Der brauen Zucker sind es zwei.
Die Kinder, große, kleine,
Zur Schule gehn, zur Arbeit auch
Und auch ein Hundi läuft vorbei.

Verzehret hab ich längst den Keks,
Der bei dem Kaffee ruhte.
Am Himmel ein paar Wolken stehn,
Auch Schwalben heut sind unterwegs.

Mich wohl das klare Nass erquickt,
Das aus dem Hahn geronnen.
Mein Denken zielt auf Harmonie,
Die Uhr der Welt voll Ruhe tickt.

Im Morgensonnenlicht

Ich sitz unter zwei Bäumchen
Im Morgensonnenlicht.
Rings um mich gelber Löwenzahn
Mir zeigt sein Angesicht.

Das Klangorchester der Natur
Die Vogelsinfonie
Spielt für den morgentlichen Gast,
Der gerne höret sie.

Geschäftig ist die Menschenwelt
Und in dem Grashalmreich
Ameisen und ein Wanzentier
Tun's still den Menschen gleich.

In Vilafranca

Auf einem Dach ins Himmelblau
Es ragt eine Antenne.
Sie zeigt von mir aus auf zwei Uhr,
Was ich genau erkenne.

Das Dach aus Ziegeln ist gedeckt,
Die leicht sich abwärts neigen.
Ein Regenrinnenziegelrechteck
Ist dem Dache eigen.

Vom hohen Vogelausguckpunkt
Es häufig munter klingt,
Wenn zwitschernd ein Gefiedergast
Dort ein Stück Zeit verbringt.

**Begegnung
mit dem Rattentier**

Am gestrigen Tag
Ist was Schönes passiert:
Ein Rattentier kam
In mein Blickfeld spaziert.

Ich habe in ihm wohl,
Als es mich entdeckt,
Gleich Rückzugsgedanken
Und Lauflust geweckt.

Mit munteren Schritten
Es krabbelte hoch
Und zeigte sich aus einem
Straßenbauloch.

Und als wir uns sahen,
Nach kaum zwei Sekunden,
Da war es schon wieder
Im Erdloch verschwunden.

Schneckenglück

Heut Morgen ist noch feucht das Gras
Vom sanften Morgentau
Und leis bewegt sich übers Grün
Herr Schneckerich mit Frau.

Sie sind kaum fingernagelgroß,
Die winzgen Fühler tasten
Sich durch den Wiesenkräuterwald
Mit Blumen ohne Hasten.

Als sie schon meinem Blick entschwunden,
Seh ich um mich her:
Ein ganzes Schneckenbiotop
Ist dieses Blumenmeer.

Herzenssprünge

Ein Freund, dessen Sonne
Voll Helligkeit strahlt,
Hat mir ins Gesicht heut
Ein Lächeln gemalt.

Voll Liebe versorgt er,
Wenn Futter er streut,
Die Katzen und Kater,
Was diese sehr freut.

Grad eine Komplizin
Hat Wasser gebracht
Ihm für seine Kleinen
Und Sprünge mir macht

Das Herz, all mein Denken,
Mein freudvolles Sein.
Wie gut tut das Leuchten,
Der innere Schein.

Die beste Partnerin

Ich habe die perfekte Frau,
Die beste Partnerin.
In diesem Denken halt mich auf,
Zieh so sie zu mir hin.

Das Schönste ist, ich brauch sie nicht
Zu meinem Lebensglück.
Ausschließlich ist ein Komplement
Mein weiblich Gegenstück.

Ich hab das schönste Glücksgefühl
In meiner Innenwelt,
Mal sie mit meinem Farbenkasten,
Wie sie mir gefällt.

Gefühlter Sommer

Von oben warmer Sonnenschein
Strahlt froh in mein Gesicht.
Am Himmel ziehen Wolkenfäden,
Gelb vom Sonnenlicht.

Gefühlter Sommer in der Stadt,
In Bäumen Vögel singen.
Ich wend mich hellem Denken zu,
Den frohen, schönen Dingen.

Wohl wissend, all dies nach und nach
Formt meine Außenwelt,
Wenn in mir die Glückseligkeit
Das Firmament erhellt.

Mein schöpferischer Geist

Was tut mir wohl der Sonnenschein,
Welch Freude bringt das Blau,
Wenn schwärmend ich nach oben seh
Und in die Weiten schau.

Was freun mich graue Wolken
Und ein schöner nasser Regen,
Der Wachstum bringt
  und Schneckenwandern
Draußen auf den Wegen.

Wie schön, wenn's schneit,
  wenn weiß die Welt,
Wenn alles voll von Schnee,
Wenn Flockentanz und Wattewelten
Um mich ich erspäh.

Wie schön, wenn ich in meinem Innen
Ganz harmonisch bin.
Mein schöpferischer Geist zieht zu mir,
Was erst in mir, hin.

Abendmoment

Munter weht der Abendwind
Durch das Laub der Bäume.
Blätter leuchten, treten ein
Bald ins Reich der Träume.

Das vorherig satte Blau
Wird Pastell und Nacht,
Wenn der Goldne Lebensquell
Hat sein Werk vollbracht.

Abendreim

Die schöne Kathedrale
Strahlt froh im goldnen Licht,
Mit dem die Abendsonne
Erhellt ihr Angesicht.

Das obre Grün der Bäume
Freut sich am goldnen Glanz,
An wärmenden Impulsen
Der Sonnenteilchen Tanz.

Fern bei den Hügeln goldet
Ein lichter Wolkenschleier,
Färbt sich orange und später rot
Dem Tag zu Ruhm und Feier.

Später Abend

Des Tags Geschäftigkeiten
Allmählich gehn zu Ende.
Voll Frieden ist das Denken,
Es ruhen fleißge Hände.

Durch abendliche Weiten
Der Flug der Schwalben geht.
Am Himmel zartes Rosa
In Wattewolken steht.

Ein Wind weht auf und Kühle
Den Erdbewohnern bringt.
Die Fledermäuse tanzen,
Bald still die Nacht erklingt.

Es werde Licht

Auf meinem Konto ist viel Geld,
Das ich nicht brauch zum Leben.
Es fließet stetig zu mir hin,
Gern will ich davon geben.

Ich habe Bücher publiziert
Und freu mich, zu berichten,
Dass jeden Tag ich inspiriert
Zu Lyrik und Geschichten.

In meinem Umfeld Wohlstand ist,
Kultur und Bildung blühen.
Ein neuzeitliches Schulprojekt
Zeugt reiner, edler Mühen.

Es atmet froh der Blauplanet,
Die Meeressäuger singen,
Der Grüne Gürtel ist erneut,
Voll Dankbarkeit erklingen

Die Herzen aller Erdenwesen
Und der Mensch versteht,
Dass GOTT als er im Fleischgewand
Durch seine Leben geht.

Bei einem Glas Tee

Die Schwalben fliegen singend
Durchs neue Morgenblau.
Am Himmel feine Wölkchen,
Schon trocken scheint der Tau.

Es duftet nach Kamille,
Die Schwalbe freudvoll singt
Und tief in meinem Innen
Das Lied der Ruhe klingt.

Abundanz

Abundanz, Abundanz,
Sag mir, wo bist du nicht ?
Wenn ich deiner gedenke,
Sich entspannt mein Gesicht.

Sich entspannt all mein Denken,
Mein Fühlen, mein Sein,
Denn ich weiß, weil ich bei dir,
Kommst du zu mir herein.

Gleichsam weiß ich, dass bei mir
Du schon immer gewesen.
Heut ich spür diese Wahrheit,
Deine Zeichen kann lesen.

Seh dich grünen im Blattwerk
Von dem Baum und vom Strauch.
Weiß in Seen dich und Meeren,
In der Luft weiß dich auch.

Wenn ich ruh, deiner trauend,
Kann mein Denken ich heben,
Öffne dir meine Türen,
Lass dich ein in mein Leben.

Abundant gleichermaßen
Kann auch Schmerzhaftes sein.
Hebe du nur dein Denken
Und das Glück stellt sich ein.

Erst wenn du voller Trauen
Dich erfreust an den Dingen,
Deine Göttliche Kraft
Wird dir Freudvolles bringen.

Erkenntnis

In diesen frohen Zeiten
Erkenntnis ich gewinne.
Bewusstsein neu durchdringet
Mein Sein und meine Sinne.

Der Hermann reimt vom Buche,
Ich dichte von der Maid.
Die Lösung ist die gleiche,
Sie liegt im Innenreiche.

Ich hab den Schatz gefunden,
Der allezeit schon mein.
Er ruht in meinem Innen,
In meinem eignen Sein.

Vom Truh

Im schönen Ätherreiche,
Da steht ein hölzern Truh.
Das Glänzen der Dukaten
Mir schenket Freud und Ruh.

In meinem eignen Reiche
Ein hölzern Truh sich findet.
Sich mehren die Dukaten,
Alte Erinnrung schwindet.

Vom schönen Ätherreiche
Bald kommt ein nächstes Truh.
Das Glänzen der Dukaten
Mir schenket Freud und Ruh.

Ich hab mich lieb

Ich hab mich lieb, wie ich hier sitze
Auf der Bank am Morgen.
Von oben lacht der Sonnenschein,
Im Innen darf ich glücklich sein.

Ich hab auch lieb, was um mich rum
In meiner Außenwelt.
In meinem Innen komm zur Ruh,
Die Vögel singen mir dazu.

Morgenreim

Tausend kleinen Sonnen gleich
Blüht der Löwenzahn,
Strahlt der Sonne ins Gesicht,
Leuchtet froh in ihrem Licht.

Fröhlich schimmert grün das Gras,
Wenn der Sonnenschein
Es durchglänzet, es durchdringt
Und sein Grün zum Leuchten bringt.

Voller Freude, voller Glück
Ihre Stimmen klingen,
Wenn von Bäumen und von Dächern
Froh die Spatzen singen.

Klarheit

Ich habe geöffnet
Eine weitere Türe
Im inneren Reiche
Und bitte, mich führe

Die innere Weisheit,
Mein inneres Licht,
Damit ich erschaue
Der Antwort Gesicht.

Ich hab ein vergessenes
Zimmer betreten,
Um dessen Versieglung
Ich einstens gebeten.

Doch jetzt stehet offen
Das innere Tor
Und tief aus dem Drinnen
Es leuchtet hervor.

Es leuchtet hervor
Aus den Tiefen des Innen
Und gute Gedanken
Ich sende nach drinnen,

Schenk Liebe und Wärme
Dem Anteil von mir,
Den, einstens vergessen,
Ich nun akzeptier.

Immer weiter

Wie schön es ist, in allem
Den Vorteil zu erkennen,
In jeglicher Erscheinung
Das Schöne zu benennen.

Das, was mich regt zum Wandel,
Mir schenkt neue Signale
Zum nächsten Weiterschreiten
Zu höhrem Potenziale.

Neue Weiten

Befreiend wirkt das Ehrlichsein,
Der Ausdruck von dem Denken,
Der gibt Impuls und öffnet Raum,
Ein reines, frohes Schenken.

Es tun sich neue Weiten auf
Und neue Lebensbahnen
Und hinter neuen Prüfungen
Das Ziel folgt dem Erahnen.

Auf des Lebens Bahn

Wie angenehm, wie wohlig schwingt
Des Lebens heitres Fließen,
In jedem neuen Lebensbild
Ein stetes, frohes Sprießen.

Wie schön, sich auf des Lebens Bahn
Im Flusse zu bewegen,
Vertrauend und in Harmonie
Stets Neues anzuregen.

Auf Findung

Mir erscheint wunderschön,
Dort auf Findung zu gehn,
Wo auf inneren Seiten
Die Antworten stehn.

Es der Antworten Eine
An dem Ende sich zeige,
Wenn die innere Suche
Ihrem Abschluss sich neige.

Es ersteht ein Gefühl,
Was das Beste zu tun
Und mit innerem Wissen,
Wann die Suche darf ruhn.

Wenn aus allen Optionen
Ist erkoren die Eine,
Die kristallklar erstrahlt
In unendlicher Reine.

Danke für die Fülle

Danke, liebes Universum,
Für den Reichtum jeden Tag,
Der, sind meine Tore offen,
Stetig zu mir kommen mag.

Danke, liebes Großes Eine,
Für die Fülle jeden Tag,
Die, sind meine Pforten offen,
Stetig zu mir fließen mag.

Danke, liebes Großes Ganze,
Für dies abundante Leben,
Das sich öffnet allen, die in
Wohlstand und in Fülle weben.

Dank Euch Dreien

Dir sei Dank, Zitronenbäumchen,
Dessen Frucht, Geschmack und Leben
Frohe Farbe und Aromen
Diesem Wasser hat gegeben.

Dank Dir, liebe Lebensquelle,
Deren Schoß das Nass entflossen,
Das voll Dankbarkeit und Frohsinn
Ich in dieses Glas gegossen.

Danke, lieber Schrank des Eises,
Denn es ist ob deiner Kühle,
Dass die Eiswürfel geboren,
Deren wohlig Kühl ich fühle.

Was ist das schön

Was ist das schön, wie tut es gut,
Wenn Dinge einfach fließen.
Ich brauche mich nur auszuruhn
Und alles zu genießen.

Das Uhrwerk froh und leicht sich dreht,
Die Räder selbst sich regen.
Mein Denken die Impulse gibt,
Die Zeiger sich bewegen.

Beim Spazieren

Ein freundliches Antennenfeld
Ragt froh über die Dächer.
Kaum spürbar weht ein milder Wind
Gleich dem von einem Fächer.

Des Himmels Wolken stehn in Grau,
Die Schwalben singend kreisen.
Ein zarter Regen mischt sich bei.
Er fällt in Tropfen, leisen.

Ein Wassertropfenfrohkonzert

Ein Wassertropfenfrohkonzert
Auf dem Asphalt erklingt.
Ich sitz entspannt im Trockenen
Und in mir leis es singt

Ein Liedlein voller Freude,
Dazu der Duft nach Regen.
Am Himmel froher Schwalbenflug
Und langsam sich bewegen

Die Wolken, die von Grau nach Gelb
Nun werden federleicht.
Die Tropfen fallen unentwegt,
Bis es für diesmal reicht.

Vom nadeligen Frohgewächs

Ein nadeliges Frohgewächs,
Das will mir Freude bringen.
Es grünet freundlich vor sich hin
Und jetzt, vor allen Dingen,

Es glänzen Regentropfen drin
Und wer am Aste zieht,
Dem regnet's munter ins Gesicht,
Noch eh er sich's versieht.

Nach dem Regenguss

Wie dankbar glänzt das nasse Grün
Zu Seiten der Allee,
Der Boden nass mit Pfützen drauf,
Soweit ich dieses seh.

Die Wolken in der Ferne stehn,
Die Sonne scheint erneut.
Dank ihrer jetzt woanders man
Des Regens sich erfreut.

Ein süßes Duften

Ein süßes Duften nach Jasmin
Entsteigt dem grünen Busche,
Der kleine weiße Blüten trägt,
Nach dieser Regenhusche.

Die Blätter atmen froh das Nass,
Es dringt durch ihre Poren.
Der Regen liegt noch in der Luft,
Die Welt ist neu geboren.

Vor dem Busche

Wie ich so vor dem Busche hock,
Seh ich die kleine Welt,
Die voller Leben und Detail
Mir in die Blicke fällt.

Die Blätter, Blüten, Ästchen, Steinchen
Und all das Getier,
Das auf dem Boden sich bewegt
Ganz leise neben mir.

Ruhezeit

Zehn Minuten Ruhezeit,
Zehn Minuten Ruhe.
Meinen Kopf hab ich befreit
Und nichts weiter tue,

Als zu atmen in der Stille,
Kehre mich nach innen.
Halte leise Innenschau
In die Welten drinnen.

Schon allein nach drei Minuten
Kehrt die Stille ein,
Ich besinn mich meines Wesens,
Wieder bin im Sein.

Ruhoasenzeit

Eine Ruhoasenzeit
Hab ich mir genommen.
Auf mein Atmen bin bedacht,
Das in Fluss gekommen.

Innre Eile, innres Hasten
Rütteln an den Türen
Meines innren Ruhpalastes,
Doch schon kann ich spüren,

Dass bei guter Zeiteinteilung
Viele Tage ich hab Zeit
Und mein Zeitguthaben wächst noch,
Wenn der Schnelle ich befreit.

Darum Ruh, und froh der Pulsschlag
Geht durch meine Lebensbahnen.
Drinnen ist mein Blick gerichtet
Auf ein glücklich heitres Ahnen.

Junimitte

Heiß schon sind die Sonnenstrahlen,
Junimitte, Sonnenschein.
Leichter Wind und Kieferschatten
Lädt zu sanfter Kühle ein.

Über mir die Nadeläste,
Hochwärts ragt das Holz ins Blau.
Leichtes Duften schenkt die Kiefer
Und am Boden ich erschau

Frohes Krabbeln nah dem Stamme
Über Nadelwerk und Steine.
Oben Falterflügelschlagen
Durch das Blau im Sonnenscheine.

An die Sonnenblumen

Wunderschöne Blumensonne,
Munter ragst du in das Blaue.
Lichtdurchflutet deinen schönen
Gelben Blütenkranz ich schaue.

Voller Anmut lockst die Bienen,
Kleine große Flügeltiere.
Frohes Fliegen, frohes Sammeln
Von dem Blütenelixiere.

Nahe weitre Blumensonnen
Ragen munter in das Blaue.
Licht durchflutet ihre schönen
Blütenkränze, die ich schaue.

Kleine Wanze

Süßes kleines Kugeltierchen,
Süßes kleines Wanzentier,
Durch das Gras du krabbelst munter
In den Schatten hin zu mir.

Kommst an meinem Schuh zum Stehen
Und verwundert magst dich fragen,
Seit wann auf dem kleinen Rasen
Riesen in die Höhe ragen.

Ich erahne dein Begehren,
Geb den Weg frei, lass dich gehen.
Froh du krabbelst deiner Wege.
Gern geschehn, auf Wiedersehen.

Auf der schönen Lebensleiter

Oh du schönes Erdenleben
Voller Mannigfaltigkeiten,
Voller Wunder und Lektionen,
Voller goldner Einzelheiten.

Jede inkarnierte Seele
Voller Schöpferpotenzial,
Eines aller Unikate
Auf der Erde dieses Mal.

Jede auf dem Wege wandelt
Immer ein paar Schritte weiter
Hin zu Reife und Erkenntnis
Auf der schönen Lebensleiter.

Vor dem weiten Tagblau

Süße kleine Wolkenfedern
Sehe ich am Himmel stehen.
Weiter unten, fröhlich zwitschernd,
Ist der Schwalbenflug zu sehen.

Auf den Dächern stehn Antennen
Und das schöne Bild der Ferne
Seh ich vor dem weiten Tagblau,
Während unsichtbar die Sterne.

Im Duft der blühenden Linden

Fröhlich sprießt das Gelb der Blüten
An der grünen Linde.
Kleinen Kronenleuchtern gleich
Wiegt es sich im Winde.

Froh das sammelnde Getier
Summt sich durch die Blüten.
Später mag es, fern von hier,
Seinen Schatz behüten.

Durch das Blattgrün strahlt das Licht
Und man sich erfreue
An dem Schauspiel der Natur
Jedes Mal aufs Neue.

Tief in mir

Tief in mir dies Gefühl
War Dekaden verschollen.
Langsam kehrt es zurück,
Leis ersetzt es das Wollen.

Leis ersetzt es das Wollen,
Ich in Stille geschehen
Lass den inneren Wandel,
Schärf das innere Sehen.

Neuausrichtung

Mein Denken, das wird langsam frei
Von ältlichen Gedanken,
Von Mustern und Begrenzungen,
Von alten Lebensschranken.

Neue Gefühle lad ich ein
Und Phantasien und Bilder.
Auf einmal hab ich Lebenszeit,
Weil ich von Sorgen bin befreit.

Die alten Süchte zucken schwach,
Ich folg dem Wohlgefühl,
Der innren Ruhe und dem Glück,
Das in mir wohnen will.

Ab heut ich leb in Überfluss

Ab heut leb ich in Überfluss,
In Überfluss ich lebe.
Mein Denken programmier darauf,
Mein Denken froh erhebe.

Ab heute leb in Wohlstand ich,
Ab heut in Wohlstand lebe.
Mein Denken programmier darauf,
Mein Denken froh erhebe.

Ab heute leb in Reichtum ich,
Ab heut in Reichtum lebe.
Mein Denken programmier darauf,
Mein Denken froh erhebe.

Ein neues Stilleparadies

Ein neues Stilleparadies
Ich kürzlich hab gefunden,
Als ich bereit mich hab gefühlt,
Mit Frohsinn zu erkunden,

Wie hinter dieser Schwelle wohl
Das Uhrwerk sich mag drehen,
Wie dort das Leben funktioniert
Und was dort Neues wohl passiert.

Ich hab gefunden Freundlichkeit
An diesem neuen Orte.
Froh sprießt das Grün im kleinen Hof,
Gern schreit durch diese Pforte

Hinein ins Stilleparadies,
Das kürzlich ich gefunden,
Als ich voll froher Leichtigkeit
Die Schwelle überwunden.

Lektionen

Lektionen fürs Wachstum
Mit frohem Gemüte
Das Leben mir schenket
In endloser Güte.

Zu mutvollem Handeln,
Zu mutvollem Trauen
Stets darf ich nach innen
Mit Zuversicht schauen.

Froh darf die Bedeutung
In allem ich wissen,
Sie sorgsam erspüren,
Mein Boot sicher führen.

Froh ragen die Antennen

Froh ragen die Antennen
Ins Abendhimmelblau.
Vereinzelt strahlt im Sonnenlicht
Ihr leuchtend goldnes Angesicht.

Froh stehn sie auf den Dächern,
Geduldige Empfänger.
Voll Freude ragt das Frohmetall
Gen Himmel Richtung Weltenall

Zu Sonnen und Planeten,
Zu Seelen in den Fernen,
Ob existent, ob anerkannt,
Froh steht es in den Sternen.

Das Werk des Architekten

Froh des Architekten Werk
Ruht erbaut aus Steinen,
Einer auf dem Andern drauf
An dem Platz, dem Seinen.

Seines starken Fundaments
Freut sich der solide Bau.
Fensterbögen und ein Tor
In der Steinwand ich erschau.

Hölzern prangt das Tor mit Nieten,
Nieten aus Robustmetall,
Das ihm Festigkeit verleihet
In dem starken Mauerwall.

Samstagsimpression

Liebe große schwarze Fliege,
Froh du summst von Ort zu Ort,
Freudig reibst die Vorderbeine
Nach der Landung auf dem Steine.

Bald ein ockerbrauner Falter
Setzt sich auf die Distelblüte,
Bleibt kurz und fliegt hin geschwind,
Wo er noch mehr Blüten find.

Auch ein schwarzes Spinnenfräulein
Froh ist mit von der Partie.
Kurz sie bleibet vor mir stehen
Und bald weiter krabbelt sie.

Das Zirpkonzert

Ein fröhlich lautes Zirpen
Auf der Wanderung erklingt,
Das aus Olivenbäumen
In meine Ohren dringt.

Aus mancher grünen Krone
Das Zirpen ist zu hören,
Doch wie ich langsam näher komm,
Schein ich das Spiel zu stören.

Drum setz ich auf die Erde mich,
Bin friedlich, leis und still,
Bis aus dem grünen Blätterwerk
Erneut es klingen will.

Auf dem Hügel

Rosa leuchten kleine Wolken
Von der Sonne angestrahlt,
Die in dieser Morgenstunde
Sind ins Blaupastell gemalt.

Froh die Vögel sind am Singen,
Piepen, Zwitschern, Tirilieren.
Munter die Kaninchen hoppeln
Durch die Welt auf allen Vieren.

Langsam in oranges Gold
Geht das Wolkenleuchten über.
Bald die ersten lichten Strahlen
Werden kommen hier herüber.

Sanftes Duften nach Jasmin,
Fleißige Insekten sammeln.
In der Ferne kräht ein Hahn,
Kündet jetzt das Aufstehn an.

Golden gelb die Wölkchen stehen,
Sanft die Morgenbrise weht.
Schließlich feurig rot das Glühen
Neu am Horizont ersteht.

Im Juli

Auf eine Bank am Nachmittag
Ich setz mich ganz in Ruh.
Die Sonne lacht, das Baumgrün rauscht,
Ich schau den Vögeln zu.

Im Himmelblau steht halb der Mond,
Der Wind mit Kühle weht.
Entspannt ich sitze auf der Bank
Und leis die Zeit vergeht.

Das Jetzt

Was ist das Jetzt schön.
Ich lass die Vergangenheit gehn.
Was ist das Jetzt schön.

Was ist diese Nacht schön.
Durch das Laub der Platanen
Ist das Leuchten
Eines Sterns zu sehn.
Was ist diese Nacht schön.

Was ist dieser Nachtisch schön.
Wie lecker das Sahnehäubchen
Und die Schokoladencreme,
Das Mousse und die Erdbeersoße,
Die mir auf der Zunge zergehn.
Was ist all dies
Lecker und schön.

Das Duften des Tees nach Kamille,
Der braune Zucker darin.
Das Wissen über den Wert des Jetzt,
Über die Gegenwärtigkeit.
Was ist dies Wissen
Kostbar und schön.

Was ist dies Wissen
Kostbar und schön
Von der Musterunterbrechung,
Zu staunen der Resultate
Als des neuen Tuns Entsprechung.

Wie gut schmeckt
Der Tee nach Kamille,
Wie lecker der Zucker darin.

Wie freut es mich,
Davon zu schreiben
In dem kleinen Poesieheftchen drin.

Wie ist der Moment schön.
Ich fühle mich wie ein König
Und werde erhobenen Hauptes
Voll Freude schlafen gehn.

Noch zeigt sich
In nächtlicher Ferne
Der Schein vom wandernden Sterne.

Im Jetzt

Ich erlerne
Das Leben im Jetzt.
Genau hier.

Habe mich hingehockt,
Nicht gesetzt
Und ruhe leise in mir.

Es ist endlos viel,
Was in diesem Moment
Des Jetzt passiert.

Jetzt habe ich mich gesetzt,
Sitze auf dem warmen Boden.
Ameisen krabbeln darauf.
Der Vögel Gesang
Dringt in mein Ohr.

Autos rollen,
Teils mit Musik.
Menschen kommen
Und gehen.

Und noch so viel mehr
Geschieht um mich her.

Ich atme die warme Luft,
Die jetzt kühler wird.
Sie wird kühler
Und ist weniger schwül.

Mit ist grad nicht wichtig,
Was Andere denken,
Wie ich hier
Vor diesem kleinen Baum sitze.

Ich beobachte
Meine Empfindungen,
Meine Gedanken,
Meine Körperwahrnehmung.

In diesem Moment
Brauche ich nichts weiter
Zum Glücklichsein.

Mein Atem geht ruhig.
Ich genieße den Kontakt
Mit dem Boden.

Und gleich
Erhebe ich mich
Und gehe dann weiter
Meines Weges.

In diesem Moment
Bin ich bereits
Am Ziel.

Ich befinde mich
Im Jetzt.

Vergebung

Es gibt einen schönen Gedanken
Und dieser Gedanke ist:
Was Andere tun, was verärgert,
Das ist nicht einfach Mist.

Dass jeder in jedem Momente
Dies tut, was ihm richtig erscheint.
Auch weckte es Gramgefühle,
War's dennoch gut gemeint.

Ein Eisberg

Ein Eisberg schwimmt friedvoll im Wasser,
Ein Eisberg auf ruhiger See.
Er ist wohl nur einen Meter hoch,
so wie ich das versteh.

Dies kleine eine Meterchen
Ist friedvoll anzuschauen,
Doch was für mich nicht sichtbar ist,
Liegt unerkannt im Blauen.

Kleine Fliege

Kleine Fliege, auf dem Buch
Bist du grad gelandet.
Bist als Flügelpassagier
Freiwillig gestrandet.

Bist ein kleines Kunstwerk, das,
So genial erdacht,
Erst sich putzt, dann munter krabbelt
Und mir Freude macht.

In der Kürze liegt die Würze

Nach der heutigen Rasur
Stehn mir kurze Stoppeln nur.
Etwas üppiger am Kinn
Wächst das Barthaar vor sich hin.

Das Druckgerät

Des Abends war ich froh spaziert
Durch hügelige Lande
Und hört, was auf der Erd ich fand
Am Hügelfußwegrande:

Ein Druckgerät in Einzelteilen
Und drei Druckpatronen.
Die Bergung dieses Fundes
Sollte in der Tat sich lohnen.

Nun atmet wieder frei das Gras
Und schaut das Sternenlicht.
Entfernt sich ein Container freut
Über ein Hauptgericht.

Das ihre Plätzchen sollen finden
Auch die drei Kartuschen,
Wenn sie in naher Zukunft dann
In die Entsorgung huschen.

Das Wohlfühlprogramm

Was ist das schön am Freitagmittag,
Wenn zu Gast ich bin.
Der Kellner stellt mir flink den Tee
Und Käsekuchen hin.

Im Restaurant herrscht reges Treiben,
Auch auf der Terrasse.
Ich habe Glück, dass ich am Tresen
Einen Platz abfasse.

Der Kuchen schmeckt ganz wunderbar,
Auch der Kamillentee.
Zum Wohlfühln ich im Anschluss
Gleich zur Kopfmassage geh.

Und ich beende diesen Reim
Bei Wind und Sonnenschein.
Zum Wohlfühln und Genießen
Brauch ich nicht erst hundert sein.

Ich bin auf dem Weg

Seit Tagen schon bemerke ich,
Dass froh ich in mir wohne,
Wenn ich verlass ganz absichtsvoll
Die liebe Komfortzone.

Statt auf dem Sofa rumzuliegen
Bin ich froh am Wandern.
Heut laufe ich in dieses Dorf
Und bald zu einem andern.

Einst Miesgefühle lungerten
In meinem Innenleben.
Allmählich ich bewusster bin,
Kann meine Stimmung heben.

Bemerk subtile Abgriffe:
Des Egos leises Trachten,
Begründungen zu suggeriern
Für Trübsal, Leid und Schmachten.

Doch seh ich diese Maschen jetzt
Und werde täglich weiser.
Die Minusamplituden
Werden schwächer, werden leiser.

Bis schließlich ich als Meister steh,
Der sicher navigiert
Und drinnen in der Innenwelt
Der Friede triumphiert.

Eile mit Weile

Der Pfefferminztee in der Bar,
Der schmeckt auch ganz vorzüglich.
Den braunen Zucker füll ich ein
Und rühre dann vergnüglich.

Der Ort ist voller Samstagsgäste.
Zahlreiche Senioren
Haben zum Wochenendbeginn
Dies Plätzlein auserkoren.

Der Tee ist vorbildlich bezahlt
Und nach dem kleinen Ruhen
Ich schreite weiter, um mein frohes
Tageswerk zu tuen.

Der Gebrauchshinweis

"Seien Sie so gut,
Nach dem Gebrauch zu spülen"
Bittet ein A4-Blatt
In freundlich schwarzer Schrift.

Dieses ist ganz wunderbar.
Wohl will ich mich fühlen,
Wenn mein Blick auf dieses
Stille Örtlein trifft.

Und auch gute Wirkung
Scheint das Schild zu zeigen,
Denn als ich dort gehe,
Ist das Porzellan

Leer. Und voller Freude
Leuchtet die Keramik
Und einander dankbar
Lächeln wir uns an.

Der Lernerfolg

Ich hab's geschafft, entzückt ich bin.
Ich hab es hinbekommen.
Hab zum Bestelln nur Katalanisch
In den Mund genommen.

Die Kellnerin begeistert ist,
Vor mir steht der *poliol*
Und dick belegt mein *entrepà*,
Das Glas wie immer voll.

Brav zahl ich, sage *gràcies* dann,
Zieh weiter guter Dinge
Mit Strohhut durch den Sonnenschein
Und froh mein Liedlein singe.

Was wäre, ... ?

Was wäre, wollt die süße Frau
Dir nur zwei Küsse geben ?
Es träte eine Passendere
Freudvoll in dein Leben.

Was wär, sollt morgen statt der Sonne
Regen dich beglücken ?
Statt blauer Weite würde dich
Ein Wolkenmeer entzücken.

Das Wichtigste ist nicht,
Was in der Außenwelt passiert,
Da diese stets als Spiegel
Deiner Innenwelt agiert.

Sechs kleine Tigermücken

Sechs kleine Tigermücken
Warn es, die es freute,
Dass zum Tee ich die Terrasse
Jenen Tag nicht scheute.

Endlich sah ich von ganz nah
Die Schönheit der Insekten,
Die im Fluge Pläne
Für ihr Abendbrot ausheckten.

Keine langen Ärmel halfen,
Auch kein Bitte, Bitte.
So trat ich den Rückzug an,
Raus aus ihrer Mitte.

Sechs froh Getigerte
Surrten voll Entzücken.
Ich liebe unsern Blauplanet
Und auch die Tigermücken.

Der Tag folgt auf die Nacht

Ein kunterbuntes Wunschtheater
Wie ein Maskenfest,
Ein unsichtbarer Stimmenhorst,
Ein ries'ges Adlernest.

Es leben viele Junge drin,
Die oft nach etwas rufen.
Sie wollen Schmerz, sie wollen Streit
Und scharren mit den Hufen.

Teils bin ich schlafender Dompteur,
Teils aufmerksam am Wachen
Und immer wieder ruft es neu –
Hier will ich Ordnung machen!

So sehr den Emotionenschwarm
Ich hatt mir angewöhnt,
Dass beim Entgiftungskurprozess
Es lautstark in mir stöhnet.

Die Samen aber sind gelegt,
Die neuen Keime sprießen.
Schon fahr ich andre Ernten ein,
Darf neue Saaten gießen.

Der Güte Sonne höher steigt
Und die der Zuversicht.
Der Freude Einhorn friedvoll grast
In neuem Sternenlicht.

Allmählich legen Schiffe ab,
Es kostet leise Tränen,
Doch stärker sind der Wunsch nach Sonne
Und das stille Sehnen.

Die wilden Streiter fliegen fort,
Ihr Werk ist jetzt vollbracht.
Aus Asche Leben neu ersteht,
Der Tag folgt auf die Nacht.

Ein und derselbe

Dank euch Hünen und Verwaltern,
Dank euch Vätern und euch Leitern,
All euch großen Charakteren,
Gegenübern, Wegbegleitern,

Euch Walküren und euch Ammen,
Freundinnen und Alphatieren,
Müttern, Schwestern, Großen, Kleinen,
Hüterinnen von Revieren,

Die uns Resonanzen einten,
Die uns Resonanzen einen,
Uns Entsprechungen verbinden
Oder die wir fremd uns scheinen,

Die wir Innenwelten spiegeln,
Danke jedem Erdenkind.
Wir zum gleichen Lichte streben
Und ein und derselbe sind.

Fledermaus

Kleine Fledermaus, ganz tapfer,
Wacker bist am Krabbeln du.
Bist am Flattern, suchst ein Plätzchen,
Wo bei Sonne du hast Ruh.

Du erklimmst die steile Hauswand
Zwei, drei Meter in die Höhe
Und bald wieder auf dem Boden
Bist du, als ich nach dir sehe.

Ich erbitte Unterstützung,
Suche eine Kiste dir,
Doch das alles will nicht passen
Und so sage ich zu mir:

Unterstützung ist erbeten,
Vielleicht soll es einfach sein,
Dass du kleines Nachtaktivchen
Findest deinen Weg allein.

**Kapitän, nimm
das Steuer in die Hand !**

Einst dacht ich, dass das Glück allein
Käm zu mir, wär dies Mädchen mein.
Wir warn ein Paar, die Zeit ging hin,
Doch längst ich steckt' im Schmerze drin.

Einst dacht ich, dass das Glück allein
Käm zu mir, wär ein Geldschatz mein.
Der Schatz bald mir gehörte,
Erneut das Unglück störte.

Einst hatt ein schönes Mädchen ich
Und fühlt' bald Schmerz,
   bald Glück um mich.
Einst ward ich ohne Maiden,
Fühlt' trotzdem Glück und Leiden.

Und einst, trotz großer Krise,
Die große Glückesbrise
Ich fühlte und dann wieder Leid
Kam zu der Tür hereingeschneit.

Es kam der frohe Punkt der Wende,
Als endlich ich in meine Hände
Nahm der Gedanken Steuerrad
Und nun die Innenwelt betrat.

Händewaschen ...,
was ist das?

Wie tat ganz kindlicher Natur
Das Herz mir freudvoll springen
Jedmalig, wenn am stillen Ort
Ich wollte Zeit verbringen.

Und war's auch nur fürs Ritual
Der Reinigung der Hände,
Voll Freude stets frohlockte ich
Am Anfang und am Ende.

Auch heute noch frohlock ich still,
Wenn auch inzwischen leise,
Denn ein vergangner Dialog
Mich machte klug und weise.

So sprach das Weibliche Geschlecht
Einst ein paar Klageworte
Und dies verstand ich gar nicht recht,
Denn stets am Mannenorte

War Seife da im Überfluss,
In Abundanz und Fülle,
Das Händewaschen abgesichert
Stets am Ort der Stille.

So half das Weibliche Geschlecht
Mir denn beim Kombinieren,
Warum am stillen Mannenort
Stets Fülle tat passieren.

Und so im Dialogesabschluss
Staunend ich verstand,
Da lag des Rätsels Hintergrund
Nun deutlich auf der Hand.

**Das Symptom,
das ist mein Freund**

Das Symptom, das ist mein Freund,
Mein Freund ist das Symptom
Und wenn ich es gut hinbekomm,
Wird bald es zum Phantom.

Es einen Änderungsbedarf
Voll Güte mir will zeigen,
Wenn Teile meiner Innenwelt
Zu krankem Denken neigen.

Denn lang die Seele hat versucht
Schon Botschaften zu senden,
Erst leise, schließlich lauter dann,
Den Missstand zu beenden.

Oft Mittel drum nur Pflaster sind
Und stumm die Sinne trüben.
So bleibt die Botschaft ungehört,
Betäubt wird, statt zu üben.

Zu üben und zu lernen,
Die Botschaft zu verstehen,
Mit der die Seele liebevoll
Den Körper hat versehen.

Denn wenn der Code entschlüsselt wird,
Ist bald ein Weg in Sicht
Und auf dem Gang durchs Dunkel zeigt
Sich froh der Hoffnung Licht.

Die Wolkenwände brechen auf,
Die Sonne ist zu sehen
Und von der Diagnose wird
Vielleicht bald auferstehen

Der Mensch, der starken Mutes war,
Auf jenem Weg zu wandeln,
Der zu Erkenntnis ihn geführt,
Zu frohem, neuem Handeln.

**Ich bin dann mal
auf Freiersfüßen**

Ich bin dann mal auf Freiersfüßen,
Frohgemut zu finden
Ein wohlgelauntes Gegenstück,
Das sanft sich möchte binden.

Hab die Antenne aktiviert,
Signale auszusenden.
Im Fall froher Erwiderung
Darf dieser Vorgang enden.

Ich tauch in diese Freude ein,
Im Glückszenit zu stehen,
Als sei das Gegenstück schon hier
Und würd längst mit mir gehen.

Ich mal mir dieses Bild ganz bunt
Und kann im Innen spüren,
Wie meine Hand die ihre hält,
Wie Seelen sich berühren.

Hierbei ich wende Wissen an,
Das Einer einst gelehret
Und in 11,24
Markus uns bescheret.

Ich war dann mal auf Freiersfüßen,
Freudvoll hab gefunden
Mein wohlgelauntes Gegenstück,
Das sanft sich hat gebunden.

Willkommen zurück

Ein süßes neues Lebenslicht
Im Diesseits ist entzündet.
Das Leuchten in den Kinderaugen
Freudestrahlend kündet

Vom Großen Schöpferpotenzial
Der Reinen, Hohen Quelle
Und das Gesichtlein reflektiert
Das Dunkle wie das Helle.

Das kleine Wesen ist so weise,
Deutlich kann es fühlen
Die Qualität der Energien,
Die leise es umspülen.

Wer mag dies kleine Wesen sein
Und was seine Mission ?
Wie oft war diese Seele wohl
Ein Erdenwesen schon ?

Ich wünsche Freude dir und Glück,
Du kleiner Sonnenschein.
Mögen die Stärke und der Mut
Deine Begleiter sein.

Das Ende der Schuppenflechte

Es gibt ein kleines Wissenswerk,
Das liebevoll erklärt,
Dass Stress Gesundheit trüben kann,
Symptome schafft und nährt.

Es spricht dazu von Lösungen
Durch frohes Korrigieren
Und wie durch innren Wandel
Schließlich Heilung kann passieren.

Es von den roten Flecken spricht,
Vom Jucken auf der Haut,
Das schuppen kann oder auch nicht,
Wenn man der Angst vertraut.

Inzwischen weiß ich mich beschützt,
Weiß um die Sicherheit,
Die ich mir denkend zugesteh
Und die mir angedeiht.

In meinen Denkprogrammen ist
Ein Wechsel mir gelungen.
Es stellt sich innre Ruhe ein.
Der Stress, der ist verklungen.

Ich seh auch in der Außenwelt:
Der Schutz ist wohl gegeben
Und wenn der Sicherheit ich trau,
Kommt diese in mein Leben.

Der Schutz nun meine Wahrheit ist,
Die froh ich akzeptiere
Und die Gesundheit meiner Haut
So freudvoll repariere.

Vielleicht nie wieder werd ich
Eine Hautflechte bekommen,
Schlicht weil in meinem Denken ich
Den Wechsel unternommen.

So endet dieses Frohgedicht,
Das freudvoll von Gesundung spricht –
Gesundung durch das Wandeln
Von Denken, Fühln und Handeln.

**Die Hymne auf
das Schöpfersein**

Voll Freude stehn in reicher Zahl
Die neuen, goldnen Ähren.
Die saftgen Trauben sind gereift
Und auch die süßen Beeren.

Wie geht das, solch ein Saatgut
In das Erdenreich zu legen,
Die Pflanzen und ihr Wachstum
So zu hegen und zu pflegen?

Wie geht das, dass der Wind, der weht,
Das Korn in Liebe wiegt
Und dass im Barometer stets
Ein mildes Klima siegt?

Wie schaff ich es, in meiner Welt
Mit froher Hand zu walten
Und meine Herzensräume stets
Dem Glück vorzubehalten?

Wie geht es, Emotionen
Ganz dem Frieden anzugleichen?
Wie kann das Wollen
Tugendhafter Seelenliebe weichen?

Wie schaff ich es, das Glück
In meiner Welt zu kultivieren,
Damit es sich im Außenreich
Wird froh manifestieren?

Die Wahl ist stets die meinige,
Wem Einlass ich gewähre
In meine Frohgedankenwelt,
In meine Herzenssphäre.

Ich selbst mein Federführer bin,
Mein eigner Farbverwalter.
Ich selbst mit jedem Pinselstrich
Bin Schöpfer und Gestalter.

Ich spiel mein Frohpiano selbst,
Zum Klingen bring die Saiten.
Das, was ich selber hab erwählt,
Das darf nach drinnen schreiten.

Im Drinnen fühlt es sich zu Haus,
Dort wird es freudvoll werken
Und nach Hermetischem Gesetz
Zum Resultat verstärken,

Was ich gesät im Innenreich
Durch mein ganz eignes Denken,
So werd als Schöpfer ich mich selbst
Mit alledem beschenken,

Was meinem Denken resonant,
Was meiner Welt entspricht.
Nur was die gleiche Hertzzahl trägt,
Darf vor mein Angesicht.

So seh ich goldne Ähren stehn
In der Gedankenwelt
Und wähl ein frohes Klima mir
An innern Himmelszelt.

Am Anfang steht das frohe Wort,
Stehn friedvolle Gedanken
Und metaphorisch wird im Außen
Froh mein Rebwerk ranken.

Der Fokus sei gut eingestellt
Auf das Vorhandensein
All dessen, was ich wirklich wünsch,
Und dieses stellt sich ein.

Warum ? Beweise ? Schaue du,
Wie sich in deinem Leben,
In deinem eignen Außen
Resultate einst ergeben.

Sei weise, starte den Versuch,
Beweg die Schachfiguren
Der deinigen Gedankenwelt
Und folge ihren Spuren.

Schau ihren Einfluss, schau ihr Wirken,
Schaue, wie am Ende,
Wenn lang genug du insistiert,
Du siehst den Punkt der Wende.

Du wirst die Wende fühlen,
Du wirst sicher dich erheben.
Wenn du dich Frohem zugewandt,
Tritt Frohes in dein Leben.

Und auf den Äckern goldet Korn,
Das denkend du gesät.
Die Traubenernte ist soweit,
Dein Wind voll Liebe weht.

Dein Beerenstrauch die Früchte trägt,
Die du für ihn erwählt.
Darum in deiner Innenwelt
Ein frohes Denken zählt.

Entsorge, was in deiner Welt
Am Ende du willst missen.
Wirf es aus deinem Denken fort,
Lass Freude in dein Wissen.

Die Freude dort tut ihren Dienst,
Sie wird im Innen werken
Und nach Hermetischem Gesetz
Zum Resultat verstärken,

Was du gesät im Innenreich
Durch dein ganz eignes Denken,
So wirst als Schöpfer du dich selbst
Mit alledem beschenken,

Was deinem Denken resonant,
Was deiner Welt entspricht.
Nur was die gleiche Hertzzahl trägt,
Darf vor dein Angesicht.

**Renata,
die Wiedergeborene**

Es gibt in meinem Außen
Eine liebe Frohnatur,
Für die in diesem Erdenleben
Ich bin Lehrer nur.

Trotzdem auch sie ist Lehrerin
Und ich ihr Schüler bin
Und vielfach froh bereichert hat
Dies Wesen meinen Sinn.

Unsere Herkunftsstaaten
Frohe Nachbarschaft verbindet,
Da ihre Kinderstube
Rechts der Oder sich befindet.

Nun hatt ich in vergangner Zeit
Zu Konfusion geneiget.
Den Namen hatt ich ihr verdeutscht,
Was sie mir aufgezeiget.

Ich lernte, dass im Nachbarland
Auf 'a' ihr Name endet,
Während in meinem Wortgebrauch
Ich hatt ein 'e' verwendet.

"Mit 'a', Herr Lehrer, nicht mit 'e'.
Ich die Renata bin."
Dies wollte froh ich merken mir
Und schreib in Lettern hin,

Dass auch als Neu Geborene
Sie mir sich offenbaret,
Dass das Konzept der Renaissance
Ihr Name in sich wahret.

Hört hört, das fand ich intressant,
Ein weitres Lebenszeichen,
Das frohe Kunde in sich birgt
Von parallelen Reichen.

Vielleicht wird ja ein jedes Mal,
Wenn hier ein Mensch entschwindet,
Voll Freude in der Andern Welt
Ein Lebenslicht entzündet.

Badezimmergeschichten

Mit einem neuen Freund ich tat
Mich kürzlich amüsieren,
Dass während großer Feste
Würden Dinge stets passieren.

So Dinge, wegen derer später
Arbeit man erbringe
Wie Fliesenputzen, Beckenwienern
Und den Mopp auswringe.

Wir scherzten, ob's auch dieses Jahr
Würd solche Arbeit geben,
Weil jenes wohl die Regel wär
In seinem Arbeitsleben.

So dann, am neuen Morgen nun
Hab ich es angesprochen.
Doch hört, das Bad, es glänzte froh,
Die Regel war gebrochen.

Ich scherzte: "Siehst du, welche Macht
Uns Menschen innewohnet ?
Den Fokus sollten halten wir."
Es hatte ja gelohnet.

Und heut, am zweiten neuen Morgen
Wieder ich ihn fraget,
Wie denn das Bad beschaffen sei,
Ob etwas ihn geplaget.

"Oh nein", er sprach, erstaunlich sei's,
Das Bad so rein zu sehen.
"Und dies bei etwa hundert Leut,
Die darauf taten gehen."

So sagte ich erneut zu ihm:
"Du siehst, wie's hat gelohnet?"
Und dass doch eine große Kraft
Uns Menschen innewohnet.

Und ob es langweilig heut sei
Ganz ohne Putzgeschichten,
Da nun bei so viel Sauberkeit
Es nichts gäb zu berichten?

Drauf er: "Oh ja", fast etwas fehle
In dem Arbeitsleben.
Ein Tag kann halt auch einfach sein,
Auch dieses darf es geben.

Und ob denn langweilig nun wär
Das schlichte Glücklichsein,
Auf diese Frage kamen wir
Am Ende überein:

Zwar sei es nicht spektakulär
So völlig ohne Schlieren,
Doch sei es deutlich vorzuziehn,
Wenn Dinge funktionieren.

**Im Sinne einer
asiatischen Weisheit**

Ich will den fröhlich Lesenden
Erzähln von einer Märe,
Wie einmal ich spaziert bin
Mit etwas Herzensschwere.

Ich war zu zweit mit einer Maid
Gegangen durch die Stadt
Und irgendeine Sache
Hatte ich ein bisschen satt.

Sie hat mir lieb ihr Ohr geliehn,
Wofür ich Dank ihr zollte,
Doch irgendeine Energie
Ich noch entladen wollte.

So schließlich ward in mir gereift
Bei grimmigem Gemüte,
Wie ich gedacht, zurückzuholen
Ruh und Herzensgüte.

Alsdann ich nahm im Mannesgrimm
Ein kleines Stück Papier,
Das grade mich zu stören schien,
Und warf es fort von mir.

Ich warf es fort, doch dieses Mal
Woanders war's gestrandet.
Das Stück Papier war dieses Mal
Im Plastikmüll gelandet.

Ich grummelte und schnaufte froh,
Konnt wohliglich genießen,
Wie so eine Genugtuung
In mir begann zu fließen.

Und lachend sprach ich zu der Maid,
Die dort mit mir spazierte,
Dass ich Papier sonst üblich nie
Im Plastikmüll platzierte.

Sie hatte solch Besaitetsein
Von mir bereits gekannt
Und friedvoller Erinnerung
Sei hier und heut genannt,

Wie sinnvoll mir der Vorteil scheint,
Ausmaße zu beschränken
Und auch in wilder Emotion
Mit Klarheit zu bedenken,

Wie recht ein weises Sprichwort hat:
Dass die Beherrschung lohnt
Und stete Selbstkontrolle
Aller Arbeit Früchte schont.

Auch mein behördliches Papier
Schaut leis und freudvoll her zu mir.
Auch selbst ich froh, ja dankbar bin,
Für jenen Weisheitszugewinn.

Herr Ober, Herr Ober ... !

"Herr Ober, schnell, mein Milchkaffee !"
"Herr Ober, bitte mein Glas Wein !"
"Herr Ober, noch ein Käsebrot !"
Ruft's ihm in den Gehörgang rein.

Das ist jetzt Spaß, verstehet sich,
Doch bei den vielen Kunden
Bewegt sich schnell das Kellnerteam
Auf den Terrassenrunden.

So heut, nach letzter Festesnacht,
Ist Ruhe in der Früh,
Die Lauf- und Springmuskeln entspannt.
In Urlaub gehen sie.

So scherzte mit dem Ober ich:
"Hey, bitte den Kaffee für mich !"
"Und ich das Brot !", "Und ich den Wein !"
Drauf fiel uns diese Antwort ein:

"Herr Gast, entspannt und ganz in Ruh
Ich meine liebe Arbeit tu.
Und ist für Sie das nicht genug,
Liegt drinnen dann das Gästebuch.

Meine Kollegin ist erfreut,
Wenn gleich mal selbst Sie reingehn heut.
Ab morgen ich in Urlaub bin
Und heut ist nur Entspannung drin."

Wohlan, ich freu mich mit des Glücks
Der freien Urlaubstage
Des Kellners und der Kellnerin,
Das stehet außer Frage.

Denn es gibt viele schöne Orte
Auf dem Frohplaneten,
Um Geld zu geben für Kaffee
Und ein paar Trinkmoneten.

Die Sterne niemals schlafen gehn

Sei lieb willkommen, neues Wesen,
Auf dem Erdplaneten.
Du hast mit neuem Schaffensdrang
Die Diesseitswelt betreten.

So mag dein Kerzenlicht im Jenseits
Jetzt erloschen sein,
Dafür dein Lebenslicht im Hier
Schenkt freudvoll seinen Schein.

Ich weiß die Schöpfermacht in dir,
In jedem Menschenkind
Ob groß, ob klein, ob alt, ob jung
Die gleichen Kräfte sind.

Man könnte glauben, dass die Sterne
Ruhn bei Sonnenschein,
Dass morgens leis sie schlafen gehn,
Um abends wach zu sein.

Und dass die Sonne schlafen geht,
Wenn abends leis die Sterne
Weit oben froh ihr Nachtwerk tun
Und funkeln in der Ferne.

Und dennoch scheint mir,
Dass die Sterne niemals schlafen gehn.
Ich hab ihr Glänzen heute schon
Bei einem Kind gesehn.

So sah ich eine Großmama
Mit ihrem Enkelkind
Und glaubte, dass die Sterne
Auch des Tags am Leuchten sind.

Und nicht nur in den Kinderaugen
Sah ich leis ihr Licht,
Ihr frohes Leuchten kam auch
Aus der Großmutter Gesicht.

Und jedes Mal, so scheint mir,
Wenn wir Menschen uns besinnen
Des Schönen, des Erhebenden,
Sich zeigt das Leuchten drinnen.

Es braucht die stille Freude nur,
Die fröhliche Verbindung
Zur Quelle, die in allem ruht,
Zur frohen Glückesfindung.

Denn auch die Sonne in uns Menschen
Niemals schlafen geht.
Ihr Schein in jedem neuen Zyklus
Hoch am Himmel steht.

Ich bin in Katalonien hier

Ich bin in Katalonien hier,
Im Land der Katalanen
Und dass man hier zwei Sprachen spricht,
Das konnt ich früh erahnen.

Es stimmt mich dankbar,
  stimmt mich froh,
Im Leben heut zu stehen
Und all das Schaffen, all das Tun
Der Menschen hier zu sehen.

Der Menschen Herzen öffnen sich,
Ich knüpfe neue Bande,
Find neue Freunde hier vor Ort
Im Katalanenlande.

Zwischen Kulturen schmilzt das Eis,
Ich lerne, froh zu sehen,
Wie hier das Leben funktioniert
Und die Gestirne stehen.

Ich komme innerlich zur Ruhe,
Freudvoll konversiere,
Versteh die Sprache ihrer Herzen
Und kommuniziere

Allmächlich auch in ihrer Sprache,
Weiß mich angenommen.
Voll Freude wir ergänzen uns
Und ich hab Mut bekommen.

Vielleicht es lebt sich wunderbar,
Egal in welchem Land,
Wenn man als erstes in sich selbst
Den Weg zum Glücksquell fand.

El pantalón cagado

Heut sah ich eine süße Frau,
Die hatte wirklich Stil
Und was das Wunderschöne war:
Sie zeigte gar nicht viel.

Sie trug ihr Kind im Tragetuch
Und eine ganz kuriose,
Beinah wie ein Kartoffelsack
Unauffällige Hose.

Hier stach nicht eine Rundung vor,
Sie alles klug verwahrte,
Als ob all diese Schönheit
Sie nur Einem offenbarte.

Die andren vielen Mannenblicke
Durften weiterwandern,
Um schnelle Nahrung aufzuspürn
Bei irgendeiner Andern.

Ich gratulier dem Genius,
Der diese Frau erwählt,
Für die ein weiser Umgang
Mit der äußren Schönheit zählt.

Der Mann mit dem Hebekran

Vor kurzem hab ich gut gestaunt
Und jetzt davon berichte,
Ich teil es mit euch gutgelaunt
In diesem Reimgedichte,

Wie sehr ein Mensch mich fasziniert,
Der mit Geschick und Stärke
Sich zeigt als wahres Frohtalent
Und munter geht zu Werke.

Normalerweise er serviert
Mir meinen Milchkaffee,
Doch nach und nach in ihm
Ich einen wahren Helden seh.

So kürzlich braucht' ein Sonnenschirm
Etwas Verband und Pflege
Und in der stärksten Mittagshitze
Wurd der Retter rege.

Er schraubte und verarztete
Trotz Hitze wohlbedacht.
Der Schirm schnell wieder Schatten warf,
Das Heldwerk ward vollbracht.

Der Werkzeugkoffer wurd verwahrt,
Der Schirm nun funktionierte
Und froh der Recke wieder mir
Den Milchkaffee servierte.

Darauf, an einem andern Tag
Ich hört' Motorgebrumm.
Alsdann ich wurde bald gewahr
Erneut und staunte stumm,

Wie heiterer Gelassenheit
Voll Frohmut ging zu Werke
Erneut der kühne Reckenmann
Mit Willenskraft und Stärke.

Er stand auf einem Hebekran,
Den Hubarm froh bediente,
Lud wacker ein paar Fässer ab,
Worauf ich deutlich griente

Und sprach, dass ich seit dieser Tat
Ganz deutlich konnte sehen
In ihm den wahrhaft starken Mann
Mir gegenüber stehen.

Derweil ich wieder Milchkaffee
Genieß und süßen Tee
Und bin des Recken wohl gewahr,
Wenn ich den "Kellner" seh.

Die nächste Generation

Einst gab es einen Erstkontakt
Mit einem kleinen Gast,
Der nahe eines Blumentopfes
Machte eine Rast.

Ich sprech von einem Frohreptil,
Das gerne sich versteckte
Des Abends, wenn ein Wassergruß
Der Gießkanne bedeckte

Mit einem Regentropfenmeer
Die schöne Pflanzenwelt,
Die ich in dem Terrassengarten
Hatte aufgestellt.

Oft nun mein liebes Katertier
In Ruhe war am Spähen,
Ob in dem Blumentopfidyll
Wär das Reptil zu sehen.

Das Katertier hat viel gespäht
Und gern ich Futter streute,
Wenn ich den Salamander sah,
Was meinen Kater freute.

Und neulich, ein paar Tage her,
Sah drinnen im Gebäude
Ich noch ein kleines Frohreptil:
Beweis von großer Freude.

Denn an der Zimmerdecke sah
Den Nachwuchs ich spazieren
Und kleine, flinke Schritte tun
Auf Kopf, auf allen Vieren.

Heut habe ich erneut gesehn
Das kleine Frohreptil,
Als frohgemut mein Blick zur Wand
Hinter dem Sofa fiel.

Ich freu mich für den kleinen Gast
Und heiß ihn gern willkommen,
Ihn, der die Deckenwanderung
So mutig unternommen.

Und weiter werd ich Futter streun,
Mein Kater soll's genießen
Und eines Tags das Enkelkind
Sich freut am Blumensprießen.

Damit du dich entspannst

Wie lieb ich es, mich auszuruhn,
Was ist es schön, ins Bett zu gehn !
In Ruh ein kleines Schläfchen tun,
In Ruh entspannt das Traumreich sehn.

Doch einst verbracht ich wenig Zeit
Zur Nacht im schönen Traumesland.
Es gab noch ein Stück Weg zu gehn,
Bis ich des Rätsels Lösung fand.

So riet mir eine liebe Fee,
Arzneien zu probieren,
Dass lang genug im Traumreich ich
Mich konnt regenerieren.

Jedoch ich meinte, dass der Grund
Wär andernorts zu sehen,
Auf dass voll Nachtschlafappetit
Ich würd zu Bette gehen.

Und dies traf zu, bewusst ich hatt
In mir bald aufgeräumet,
Mit schönrer Ordnung und Struktur
Dann wieder süß geträumet.

Der Palmenbaum

Der Palmenbaum steht hoch und froh
Beim Amte der Finanzen
Und wenn ein Windhauch kommt daher,
Froh seine Blätter tanzen.

Die Blätter, die in Form von Wedeln
Hoch und zu den Seiten stehn.
Der Palmbaum oben Efeu trägt
Und ist ganz prachtvoll anzusehn.

Das Efeu hat's bis hoch geschafft,
Dort schaut es froh und munter
Aufs Rasenstück, die Hecke
Und die andern Pflanzen runter.

Ein Teil vom frohen Grüngewächs
Sind wilde Feigenbäume,
Die mannshoch auf dem Erdreich stehn
Und hoch zur Palmbaumkrone sehn.

Im Palmbaumgrün das Efeu nun
Erspäht das zarte Frohblattkraut.
Und auch am Boden Efeu rankt,
In luftge Höhn es hochwärts schaut.

Ein wunderbares Hochgefühl

Ein wunderbares Hochgefühl
Das Herz mir freudvoll weitet
Und glückliche Gedanken
In der Innenwelt bereitet.

Im Innen hab ich aufgeräumt
Ein ganzes großes Stück.
Dort sind jetzt Platz und neuer Raum
Für neues, weites Glück.

Ich fühl die Amplitudenzahl,
Die Hertzzahl kann sich heben.
Die Freude sich im Außen zeigt,
Froh kann ich Andern geben.

Die Aufräumarbeit hat gelohnt

Ganz fasziniert nehm fern ich wahr
Die schönen Frauen schreiten.
Sie sind so schön wie eh und je
Auch in den neuen Zeiten.

Die Aufräumarbeit hat gelohnt,
Die untren Chakren drehen
In friedvoller Normalfrequenz,
Ich kann's im Innen sehen.

Wo einstens ich nur Nebel sah,
Bin heut ich fasziniert:
Die Frauen schreiten ferne
Und ich bleibe unberührt.

Die Arbeit hat sich wohl gelohnt,
Denn froh die Energien
Der schönen Siebenchakrenwelt
Nun freudvoll aufwärts ziehen.

Welch wundervolle Freude

Welch wundervolle Freude
Ist in meiner Innenwelt.
Froh fahr ich ein, was ich zuvor
Im Erdreich hab bestellt.

Wie unten auf des Meeres Grund,
Fernab vom Wellengehen,
Schläft sich gesund die Innenwelt
Geheilt der einstgen Wehen.

In bester Gesellschaft

Einst ich an einem Orte saß
Mit fünfzehn kleinen Tischen.
An jenem Tage sollt ich
Einen guten Platz erwischen.

Bei jenem Frohkaffeegenuss
Die meinen Tischnachbaren
Zwei Menschen und zwei Hunde, sprich
Vier Frohnaturen waren.

Davon stand eine Frohnatur
Vergnügt in meiner Nähe.
Noch heut das Bild vom Hundetier
Ich gerne vor mir sehe.

Die große Hündin kam ganz nah
Mit straffer Hundeleine
Und balde schon bewegten sich
Die Nachbartischesbeine.

Zum Mann mit der Begleiterin
Ich sagte guter Dinge,
Dass gern ich solch Begrüßung
Eines Hundetiers empfinge.

Dass selbst ich einen Kater hätt
Und dass die Welt der Tiere
Etwas ganz Wundervolles sei
Und lyrisch inspiriere.

Ich streichelte das Windhundweibchen
Und war froh berührt,
Dass mich der Weg zum Milchkaffee
Heut hierher hatt geführt.

Wohl dank ich dir, James Allen

Was freut es mich, dass ich vor langen
Jahren hab gefunden
Ein Buch, ein Frohgedankenwerk,
Das seitdem seine Runden

Mit mir in meinem Leben geht,
Mich froh stimmt und begleitet
Und mir so oft den Blick geklärt
Und mir das Herz geweitet.

Gedanken es zu heilen hilft
Und weiß zu inspirieren,
Das Denken, Sprechen, Handeln
Tugendhaft zu orientieren.

Vom Lebensglück das Büchlein spricht
Und dass ein frohes Walten
Einst seine Früchte tragen wird,
Die stetig sich entfalten.

So stehe heut, nach Jahren, ich
In neuen, frohen Welten,
Weiß geistiger Gesetze,
Die im Universum gelten,

Dass alles seine Wirkung zeigt
Und dass es gilt, zu säen.
Dass alles, was ins Erdreich kommt,
Einst wird zur Ernte stehen.

Dass weise es zu wählen gilt,
Wem Einlass wird gewähret,
Dass unser Denken in uns schafft
Und Wirkungen bescheret.

Und dass der, der es wohl versteht,
Die Innenwelt zu heben,
Sich freut der Resultate bald
In diesem neuen Leben.

Wohl dank ich dir, James Allen,
Der du solches formulieret
Und froher Absicht deiner Zeit
Die Nachwelt inspirieret.

Es neigt sich froh das Blätterjahr

Im späten Sommer geben
Ihren Schatten zwanzig Linden,
Die sich an königlichem Platze
Einer Stadt befinden.

Der Erste König Jaume
Sei Eroberer gewesen.
An nah gelegner Häuserwand
Sein Name ist zu lesen.

Einst golden gelbe Blüten
In den Baumeskronen hingen
Und heut will erstes Blätterrascheln
Auf dem Platz erklingen.

Es neigt sich froh das Blätterjahr
Von zwanzig schönen Linden,
Die sich an königlichem Platze
Einer Stadt befinden.

Bitte insistieren Sie !

Bitte insistieren Sie,
Wenn Sie hier etwas wollen !
So wird man Ihrem Wunsch
Entsprechend Aufmerksamkeit zollen.

So scheint es auf der Welt zu sein
In jeglichen Bereichen,
Dass Altes mit Beharrlichkeit
Erst wird dem Neuen weichen.

Es sei mit Klarheit formuliert,
Mit frohem drauf Bestehen.
So mag der Wunsch, den du gestellt,
Wohl in Erfüllung gehen.

Das Frohgewitter

Ein herrlich lautes Frohgewitter
Letzte Nacht erfreute
Das wohlbewölkte Himmelszelt,
Die Welt und ihre Leute.

Zuerst ein sanftes Lichterkino
Ferne überm Hügelland
Zu fortgeschrittner Abendstund
In luftger Höhe sich befand.

Ein Aufleuchten und Zucken
Von Ampère und Volt sich zeigte.
Es schien ein Leisgewitter, das
Zu froher Stille neigte.

So stand ich abends staunend schon
Auf meiner Frohterrasse
Und dachte, ob am Folgetag
Ich dies Gedicht verfasse.

Die Blitze ferne wanderten
Und fröhlich Wurzeln schlugen
Und ferne überm Hügelland
Sich lieb und leis betrugen.

So setzte ich mein Werken fort
Zu fortgeschrittnen Stunden,
Derweil am Firmamente zog
Die Blitzwelt ihre Runden.

Und irgendwann bemerkte ich
Die ersten Regentropfen
Auf der Terrasse niedergehn
Und auf den Boden klopfen.

Die Blitze waren näher nun,
Die Wolkenwände heller
Und auch das Klopfen all der Tropfen
Wurde langsam schneller.

Und wie die Ohrn ich spitzte,
Nahm ich wahr vertrautes Grollen,
Das ich bei dem Ereignisse
Gern hatt begrüßen wollen.

Es donnerte und blitzte froh
Und rumpelte und krachte,
Dass ich voll Andacht und Respekt
Die Fenster schloss und wachte,

Und leise die Sekunden zählt',
Die nach dem Blitz vergingen.
So wusst ich, dass die Wetterwolken
Ziemlich senkrecht hingen.

Und innerlich ich wusste froh
Um Schutz und Zuversicht
Und dass am neuen Morgen stets
Der neue Tag anbricht.

Kennst du das auch ?

Kennst du das auch, dass in dir drin
Ein leises Navigieren,
Ein sanftes Stimmchen, ein Instinkt
Dich will durchs Leben führen ?

Ein heitres innres Wissen,
Das das Glück zu fühlen lehret
Und sich um Logikargumente
Überhaupt nicht scheret ?

Was ist mit all den Prägungen,
Auf die ich wollte hören ?
Was mit dem Wünschen Anderer,
Das nie ich wollte stören ?

So durft ich wählen, ob ich wollt
In ausgetretnen Spuren
Ein Sklave, Knecht und Diener sein
Um dem Betrug zu huren.

Doch in Gedanken an das Frohe,
An die Reine Quelle
Schnell war der Drang nach Aufstand
Und nach Rebellion zur Stelle.

Und froh ich bin des Mutes,
Allem Alten zu entspringen,
Vertrauend auf mein Herz zu hörn
In allen Lebensdingen.

GOTT fährt auch Motorrad

Ist's wahr, dass GOTT ist überall,
In allen Kreaturen ?
In Menschen, Pflanze, Tier und Stein,
Im Regen und im Sonnenschein ?

Als Nachbar und als Nachbarin
Erfahrungen zu machen
Auf jedem neuen Lebensgang
Für alle Ewigkeiten lang ?

Das könnte heißen, dass der Schöpfer
Sich in Greis und Kinde,
Im Jüngling und der jungen Maid,
In jedem Menschen finde.

Dass wir als Teile von dem Ganzen
Auf Planeten wandern,
Des Lebens Prüfungen bestehen,
Eine nach der andern.

Dass wir ein Göttliches Bewusstsein
In uns kultivieren
Und dass das Leben selbst uns will
Zu Avataren küren.

Dass wir vom Rauhbein uns zum Christus
In uns hin erheben,
Dass unsre eigne Göttlichkeit
Uns leitet durch das Leben.

So seh ich GOTT Motorrad fahrn
Und Volksgeschicke lenken,
Ich seh den Schöpfer Straßen kehrn
Und Sinfonien erdenken.

Ich seh ihn im Behandlungszimmer,
Seh ihn hinterm Tresen.
Es darf ein jeder in sich froh
Die Schöpferzeichen lesen.

Wer will, darf froh erspüren,
Was ihm Herzensweitung bringt,
Wann seine Sonne scheint und wann
Das Lied der Freude klingt.

Vielleicht ist, was Glückseligkeit
Will in die Herzen rufen,
Ein Lichtblick und ein Fingerzeig
Hin zu den nächsten Stufen.

Ankh, das Zeichen des Lebens

Ein wohlbekanntes Frohsymbol
Aus Pharaonenzeiten
Konnt Träger göttlicher Natur
Auf ihren Wegen leiten.

Als Zeichen oder Kreuz des Lebens
Jener Dynastien,
So heißt es, dass dies Amulett
Hab Lebenskraft verliehen.

Wie geht das, dass ein Amulett
Aus lang vergangnen Zeiten
Konnt Leben spenden und dazu
Auf Lebenswegen leiten ?

Warum moderne Wissenschaft
Erklärt zu Aberglauben
Symbolik einer Hochkultur,
Die Göttern konnt erlauben

Des Lebens gleichfrequent zu sein,
In seiner Kraft zu stehen
Und mit der Lebensenergie
In Resonanz zu gehen ?

Verfügten alte Reiche etwa
Über breitres Wissen,
Das uns kaum überliefert ist,
Weshalb wir heut es missen ?

Was tut denn ein Symbol, wie etwa
Das Symbol vom Leben ?
Kann es vielleicht des Denkers Fokus
Hin zum Leben heben ?

Gelingt es einem Lebenskreuz,
Aufmerksamkeit zu lenken,
Auf das Konzept, für das es steht,
Zu richten unser Denken ?

Und ist die gleiche Göttlichkeit
Auch in uns Menschen heute,
Die wir durch dieses Leben gehn
Als aufgeklärte Leute ?

Und sind wir vollends aufgeklärt,
Wenn Wissenschaften höhnen
Und Wissen alter Hochkultur
Zu Kindertum entschönen ?

Und sind denn Kinder wirklich Kinder,
Neulinge und Laien,
Die es zurechtzubiegen gilt
Mit Bildung und Arzneien ?

Was ist, wenn Kinder anfangs
Ihrer Herkunft sich entsinnen ?
Wenn sie die Anbindung noch spürn
Zur Gotteswelt im Innen ?

Und was ist mit den großen Kindern,
Mit den Menschen heute,
Die einstens selbst das Wissen
Ihrer Göttlichkeit nicht scheute ?

Wie war das nun, dass dies Symbol
Aus lang vergangnen Zeiten
Konnt Leben spenden und dazu
Auf Lebenswegen leiten ?

Zieh etwa ich durch Resonanz,
Wenn ich an Leben denke,
Dem Leben Gleichfrequentes stetig
Zu mir als Geschenke ?

Und könnt man großen Unrat auch
Sich in das Leben ziehen,
Wollt man als Ferngesteuerte
Vorm Krankheitsdenken knien ?

Wäre dies denkbar, dass exakt,
Worauf mein Denken fokussiert,
Sich zeigt in meiner Außenwelt
In dem, was mit mir selbst passiert ?

Ist das Symbol am Anfang nur
Wie eine leere Hülle,
Bis dass ich ihm die Kraft verleih
Und es mit Macht erfülle ?

Kann so mit meinem Denken ich
Mir jegliches erlauben
Und wähl mir selbst die Lebensquelle
Oder Daumenschrauben?

Ist es am Ende jeder selbst,
Der denkend trifft die Wahlen,
Zu krabbeln oder grad zu gehn
Voll Freude oder Qualen?

Hatten die Alten Meister Recht,
Mit dem Symbol vom Leben
Dem menschlichen Geschicke
Einen guten Kurs zu geben?

Und wird wohl jeder, der im Ankh
Sieht einen Aberglauben,
Aus Treue zur Gewöhnlichkeit
Des Schatzes sich berauben,

Der in ihm selbst ist angelegt
Und der ihm wohl gebühret
Und wenn er zur Entfaltung kommt,
Hin zur Vollendung führet?

Vielleicht die Pharaonen,
Die vergangenen Kulturen
Besaßen viel mehr Kenntnis
Und sich heut des Wissens Spuren

All denen offenbaren,
Die geneigt sind, zu ergründen,
Wovon Symbole, wie das schöne
Lebenszeichen, künden.

Verzeichnis der Gedichttitel

Abendmoment ... 85
Abendreim ... 86
Ab heut ich leb in Überfluss ... 120
Abundanz ... 90
Als Mensch bin selbst ich Schöpfer ... 32
Am Bahnsteig ... 51
Am Feldrand ... 38
Am Kindertag in Barcelona ... 63
Am Springbrunnen ... 53
An dem Wegesrande ... 23
An die Ameisen ... 21
An die Sonnenblumen ... 113
Ankh, das Zeichen des Lebens ... 196
An mein Unterbewusstsein ... 43
An uns Herren der Schöpfung ... 48
Auf dem Hügel ... 127
Auf der Plaça ... 76
Auf der schönen Lebensleiter ... 115
Auf des Lebens Bahn ... 99
Auf festen Füßen ... 35
Auf Findung ... 100

Badezimmergeschichten ... 165
Begegnung mit dem Rattentier ... 79
Bei einem Glas Tee ... 89
Bei Hacienda, dem spanischen Finanzamt ... 58

Beim Spazieren ... 104
Beim Wandern ... 22
Bitte insistieren Sie ! ... 190
Blütenpracht ... 39

Damit du dich entspannst ... 180
Danke ... 60
Danke für die Fülle ... 101
Dank Euch Dreien ... 102
Das Druckgerät ... 137
Das Ende der Schuppenflechte ... 156
Das Frohgewitter ... 191
Das Jetzt ... 129
Das Symptom, das ist mein Freund ... 152
Das Tor nach drinnen ... 19
Das wattige Wandern ... 27
Das Werk des Architekten ... 124
Das Wohlfühlprogramm ... 138
Das Zirpkonzert ... 126
Der Dichter ... 16
Der Gebrauchshinweis ... 141
Der Lernerfolg ... 142
Der Mann mit dem Hebekran ... 176
Der Palmenbaum ... 181
Der Schlüssel ... 61
Der Tag folgt auf die Nacht ... 145
Des Nachtens ... 36
Die Aufräumarbeit hat gelohnt ... 183
Die beste Partnerin ... 82

Die Freude ... 64
Die Hymne auf das Schöpfersein ... 158
Die nächste Generation ... 178
Die Pflanze des Geldes ... 70
Die Sterne niemals schlafen gehn ... 171

Eile mit Weile ... 140
Ein Eisberg ... 134
Ein neues Korn ... 24
Ein neues Stilleparadies ... 121
Ein süßes Duften ... 108
Ein und derselbe ... 147
Ein Wassertropfenfrohkonzert ... 105
Ein wunderbares Hochgefühl ... 182
El pantalón cagado ... 175
Erkenntnis ... 92
Es neigt sich froh das Blätterjahr ... 189
Es werde Licht ... 88
Es werde sommerlich ... 67

Fledermaus ... 148
Froh ragen die Antennen ... 123

Gedanken in Harmonie ... 73
Gefühlter Sommer ... 83
Glück ... 11
GOTT fährt auch Motorrad ... 194
Großer Grillerich ... 31

Händewaschen ..., was ist das ? ... 150
Harmonie ... 71
Herr Ober, Herr Ober ... ! ... 169
Herzenssprünge ... 81

Ich bin auf dem Weg ... 139
Ich bin dann mal auf Freiersfüßen ... 154
Ich bin in Katalonien hier ... 173
Ich hab mich lieb ... 94
Ihr weiblichen Wesen ... 42
Im Duft der blühenden Linden ... 117
Im Jetzt ... 131
Im Juli ... 128
Immer weiter ... 97
Im Morgensonnenlicht ... 77
Im Sinne einer asiatischen Weisheit ... 167
In bester Gesellschaft ... 185
In der Kürze liegt die Würze ... 136
In Els Monjos ... 52
In meinem Universum ... 69
In meinem Unterbewusstsein ... 47
In Vilafranca ... 78

Junimitte ... 112

Kapitän, nimm das Steuer in die Hand ! ... 149
Kennst du das auch ? ... 193
Klarheit ... 96
Kleine Fliege ... 135

Kleiner Salamander ... 56
Kleine Wanze ... 114

Lejía ... 49
Lektionen ... 122
Lila Blüte ... 28

Mein schöpferischer Geist ... 84
Mit Kalkül und Herz ... 55
Mit meinem Denken ... 65
Morgenreim ... 95

Nach dem Regen ... 50
Nach dem Regenguss ... 107
Nach und nach ... 54
Naturreich ... 29
Neuausrichtung ... 119
Neue Weiten ... 98

Oh Aloe ... 18

Renata, die Wiedergeborene ... 163
Ruhezeit ... 110
Ruhoasenzeit ... 111

Samenkörner ... 20
Samstagsimpression ... 125
Schneckenglück ... 80
Schneckenkontakte ... 34

Sechs kleine Tigermücken ... 144
Später Abend ... 87
Still am Himmel ... 26
Stückchen Wegrand ... 25

Tiefes Glücklichsein ... 66
Tief in mir ... 118

Vergebung ... 133
Vom bejahenden Fühlen ... 40
Vom nadeligen Frohgewächs ... 106
Vom Truh ... 93
Von Kühnheit und Reckenmut ... 57
Von Wunsch, Erwartung und Anspruch ... 37
Vor dem Busche ... 109
Vor dem weiten Tagblau ... 116

Was bist du schön ... 17
Was ist das schön ... 103
Was ist Glück ? ... 12
Was wäre, ... ? ... 143
Welch wundervolle Freude ... 184
Willkommen zurück ... 155
Wohl dank ich dir, James Allen ... 187

Zwei Sonnen ... 68